Winfried Blasig · Für einen menschengerechten Gottesdienst

Winfried Blasig

Für einen menschengerechten Gottesdienst

Anregungen zur liturgischen Praxis und zur Fortführung der Liturgiereform

Kösel-Verlag München

CIP-Kurztitelaufnahme der Deutschen Bibliothek

Blasig, Winfried:
Für einen menschengerechten
Gottesdienst : Anregungen zur liturg. Praxis u. zur
Fortführung d. Liturgiereform / Winfried Blasig.
– München : Kösel, 1981.
ISBN 3-466-20207-8

ISBN 3-466-20207-8

Fotos: Joachim Wagner, Bernhaupten (Chiemgau).
Gesamtherstellung: Kösel, Kempten.
Umschlag: Günther Oberhauser, München.

Inhalt

Meinen Mitbrüdern und Schülern

Einführung

Der Deutsche Katholikentag 1980 in Berlin erneuerte die Freiburger Forderung nach weiteren liturgischen Reformen und formulierte damit ein Unbehagen an der gegenwärtigen liturgischen Praxis, das auch vor diesem Ereignis und von verschiedensten Positionen her immer wieder geäußert worden ist. Die einen sehnen sich zurück nach der übernationalen lateinischen Liturgie, nach ihrer formalen Schönheit und Vollkommenheit. Viele wehren sich gegen die Überflutung mit Worten, die im landessprachlichen Gottesdienst über uns hereingebrochen ist. Wieder andere vermissen Ruhe und Feierlichkeit, persönliche Gestaltung oder Sakralität.

Nun wird es sicher keine liturgische Praxis geben können, die alle Wünsche zugleich erfüllt. Liturgie ist nie Vorwegnahme der *visio beatifica,* sondern immer nur unvollkommener Hinweis auf diese und deren unzureichendes Abbild. Das bedeutet allerdings nicht, daß man sich mit allen Unvollkommenheiten einer liturgischen Praxis abfinden müsse. Es lohnt sich durchaus, einerseits nach den grundlegenden Gesetzen für eine sinngerechte, andererseits für eine mitvollziehbare, also menschengerechte Liturgie zu fragen und in der Praxis Entsprechendes zu versuchen.

Liturgiker und Liturgen haben sich ohne Zweifel immer auch von diesem Ziel leiten lassen, nicht zuletzt die Väter des II. Vaticanums und ihre Helfer. Gerade der praktische Liturge wird immer – mehr oder minder bewußt – nach einer menschengerechten liturgischen Form suchen. Jeder Priester oder Gottesdiensthelfer, der z.B. Lieder für einen Gottesdienst aussucht, fragt sich schließlich, ob die Gemeinde mit diesen Liedern etwas anfangen kann. Viele Symptome aber weisen darauf hin, daß diese Mühe noch nicht zum vollen Erfolg geführt hat, ja wohl nie zu einem endgültigen Ergebnis führen wird, solange wir Gäste auf dieser Erde sind:

– Die liturgische Reform hat bei weitem nicht alle Teilnehmer am katholischen Gottesdienst zufriedenstellen können.

– Weiterführende Versuche am Rande der liturgierechtlichen Legitimität und jenseits dieser Grenze lassen sich nicht ganz abstellen.
– Entsprechende Literatur findet guten Absatz.
– Auch die offizielle liturgiewissenschaftliche Literatur bleibt auf der Suche nach Verbesserung und Vervollkommnung, nach Modernisierung und Weiterentwicklung der liturgischen Vollzüge; z. B. *Rudolf Rupperts'* »Lebendige Liturgie – ein Lernprozeß der ganzen Gemeinde« (Frankfurt 1975), *Joseph Gelineaus'* »Die Liturgie von morgen« (Regensburg 1979).
– Besonders kritisch und aktiv zeigen sich Autoren und Arbeitsteams für Jugend- und Kinderliturgie.
– Sie alle schmerzt im Fleische der Stachel, daß die stattgehabten liturgischen Reformen den Abschied vieler vom Sonntagsgottesdienst nicht aufhalten konnten.
So erfolgreich die Meßreformen des II. Vaticanums sich im Überblick darstellen mögen, so offenbar bleibt also, daß es beim *Status quo* nicht gut bleiben kann. Ich möchte zwar dick unterstreichen, daß unsere Gemeinden nicht nur liturgische Reformen und Experimentierzeiten brauchen, sondern auch Phasen der Beruhigung und Konsolidierung. Wo eine Gemeinde in den letzten Jahren eine solche Phase nicht erleben durfte, wird es für sie wohl kaum Wichtigeres geben, als diese Phase nun nachzuholen. Wo aber eine solche Phase der Beruhigung noch bedeutsame Wünsche offen gelassen hat, gilt es nun, den in Berlin erneuerten Aufruf vom Katholikentag in Freiburg ernst zu nehmen und wieder auf die Suche zu gehen.
Diese Notwendigkeit sehe ich allerdings nicht nur von einer *liturgia semper reformanda* verursacht. Es gibt aktuelle Gründe.
– In vielen Punkten erscheinen mir die gültigen liturgischen Vorschriften für weitaus sinnvoller und menschengerechter als die da oder dort eingebürgerte Praxis.
– Die offizielle Liturgiereform hat sich andererseits von vornherein zu wenig an den Zielvorstellungen »menschengerecht« und »mitvollziehbar« orientiert; zu oft hat die Berufung auf spätantike liturgische Praktiken über andere Zielvorstellungen gesiegt. Hätte man der ältesten liturgischen Praxis der Kirche, wie sie sich z. B. im Lukasevangelium darstellt, der größeren Anciennität wegen auch das größere Gewicht beigemessen, so müßte sich die

reformierte Liturgie anders darstellen, nicht nur »ursprungsgerechter«, sondern – wie ich meine – auch »menschengerechter«.

Ich möchte demgemäß vor allem nach einer ursprungsgerechten und andererseits nach einer dem heutigen Menschen gemäßen Liturgie fragen und suchen, beziehungsweise nach einer ursprungsgerechteren als der gegenwärtigen und nach einer menschengerechteren.
Inwiefern ursprungsgerechter? Die derzeit gültige Instruktion über »Feier und Verehrung des Geheimnisses der Eucharistie« vom 25. Mai 1967 stellt unserer Eucharistiefeier ohnehin ein vom Ursprung her konzipiertes Programm.
An erster Stelle wird genannt, daß »das Leben Christi auf die Gläubigen überströmen« soll, daß sie mit ihm vereint werden sollen. Dann wird – gut biblisch – das Gedächtnis für Tod und Auferstehung Jesu genannt. Es soll »ein Zeichen der Einheit« gegeben werden, auch ein Zeichen der Einheit mit den von unserer Eucharistie getrennten Christenbrüdern (Nr. 8). Der Neue Bund soll erneuert, »das endzeitliche Mahl im Reiche Gottes, des Vaters, zeichenhaft dargestellt« werden und »bereits beginnen«. Die Instruktion stellt also die Beziehung zu Jesus Christus an die erste Stelle. Diese Beziehung wird als eine Beziehung der mystischen Einheit beschrieben, als Erinnerung und als mystische Lebensgemeinschaft. Die Beziehung der Nachfolge, auf die vor allem Jesus selbst gezielt hat, kommt aber in diesem Zusammenhang nicht vor. Hier liegen gewiß noch Probleme der »Ursprungsgerechtigkeit«, sofern man die Unterscheidung von Nachfolge und Verehrung erst einmal gelten läßt und auch der Eucharistiefeier zur Aufgabe machen will, daß sie die Nachfolge über die Verehrung stellen soll.
Eine Liturgie, der es vor allem um Nachfolge geht, muß beispielsweise von einem Jesus sprechen, dem man auch nachfolgen kann. Der übermenschliche Gottessohn, dessen Taten und Verdienste ohnehin niemand sich zu eigen machen kann, darf nicht so übermächtig im Mittelpunkt stehen, daß an den zur Nachfolge rufenden Menschen Jesus kaum noch zu denken ist. Von einem Jesus, dem man nachfolgen kann, wird im folgenden besonders deutlich der Entwurf zu einem Hochgebet aus der Feder von *Heinrich Kahlefeld* reden (Seite 177).

Ein ursprungsnahes Verständnis – über den liturgischen *Status quo* hinaus – scheint die genannte Instruktion selbst zu begünstigen, indem sie die Interpretation der Eucharistie als Opfer eher am Rande erwähnt, welche bisher in der antireformatorischen Eucharistielehre von Trient durchaus im Mittelpunkt gestanden hatte. Diese neue Gewichtung ermöglicht es meines Erachtens, unsere Messe sowohl ursprungs- wie menschengerechter zu gestalten.

Die Interpretation der Eucharistie als Opfer hat meinen persönlichen Erfahrungen nach zu so vielfältigen Mißverständnissen geführt, daß für die Praxis der Verkündigung auf diese Kurzformel besser verzichtet werden sollte. Jesus opferte sich (für seine Überzeugung, für seine Sache, für seinen Glauben, für seine Jünger, für »alle, die an ihn glauben«, für uns) auf Golgotha, nicht im Abendmahlssaal. Die Bezogenheit des Abschiedsessens auf seinen Tod, auf sein Opfer läßt sich durch das Erzählen der Geschichte – wie es die Evangelien tun – sicher besser ausdrücken als mit gewagten theologischen Spekulationen, wie man sie immer wieder nicht nur unter Theologen erörtert, sondern auch gepredigt, ja selbst vor Kindern ausgebreitet hat. Ins Getümmel der dogmatischen Diskussion einzusteigen, ist hier nicht der Ort, fehlt dem Verfasser auch die dogmengeschichtliche Sachkenntnis. Kirchenspaltungen, Ärgernisse und Verurteilungen haben zudem gerade am Tisch des Herrn, am Mahl des Friedens, sich ihre Themen gesucht. Die liturgische Praxis wird gut daran tun, sich deutlicher als bisher am Ursprung, an der Sprache der Bibel zu orientieren, einfach zu bleiben, wie Jesus einfach geblieben ist.

Sprechen wir vom Opfer Jesu am Kreuz, von seinem Tod, den er »einmal gestorben ist und nicht wieder stirbt« (Römer 6,9), also auch nicht wiederholt. Was wir nachvollziehen können, er mit uns *mutatis mutandis* nachvollzieht, ist die Feier des Mahles, auch des auf seinen Tod hinweisenden Abschiedsmahles. Seines Todes, seines Opfers können wir gedenken, ja wir können seinen Tod feiern, sein Opfer feiern, aber wohl nicht nachvollziehen oder darbringen oder gar wiederholen. Auch das Wort »vergegenwärtigen«, das in der jüngeren Dogmengeschichte einmal eine große Rolle gespielt hat, ist von öffentlicher Sprache so weit entfernt, daß es liturgisch nicht brauchbar erscheint. Es wird auch in den liturgischen Texten meines Wissens nicht verwendet. Mit diesen wenigen Sätzen zu diesem Thema soll kein Eingriff in das Reservat

der Dogmatik und der kirchlichen Lehre geschehen, vielmehr eine liturgische Sprachregel angedeutet werden, an die ich mich im folgenden halten will.
Gegen die Verwendung des Wortes Meßopfer spricht schließlich noch ein bedeutender religionsgeschichtlicher Grund. Dieses Wort hat in einer Art von Christlichkeit eine große Rolle gespielt, welche die Verehrung Jesu so eindeutig in den Mittelpunkt gestellt hat, daß für die von Jesus geforderte Nachfolge kein entsprechender Platz mehr blieb. Mittelalterliche Theologen haben sich sogar so weit verstiegen, daß sie die herben Forderungen der Bergpredigt nur noch für die Mönche gelten ließen, den »Weltleuten« aber nur noch die Zehn Gebote predigten – was sich trendhaft sogar bis zum II. Vaticanum erhalten konnte. Um so lauter ist in dieser Epoche von allen Glaubensinhalten gesprochen worden, welche die persönliche Nachfolge als überflüssig oder doch als weniger dringlich erscheinen lassen konnten, folglich auch von der Interpretation der Messe als Opfer. Aber so wenig der zum Leben eingehen wird, der »Herr, Herr« sagt, so wenig der, welcher »Opfer, Opfer« ruft. Halten wir es mit der Predigt Jesu, halten wir es mit Paulus, der vor allem das christliche Alltagsleben als *thysía logikē,* als vernunftsgemäßes Opfer ansieht, und bringen wir uns selber Gott zum »Opfer des Lobes« dar in der Nächstenliebe, die nach dem Wort Jesu Gott wohlgefälliger ist als alle anderen Opfer. Die im fünften Teil folgenden Vorschläge für die Formulierung des Hochgebets werden aus den genannten Gründen mit dem Wort Opfer vorsichtiger umgehen und das jeweils gemeinte klarer auszudrücken suchen.
Ein weniger ambitioniertes und zunächst recht blasses Wort könnte jedoch im praktischen Vollzug wie in der theologischen Reflexion noch bessere Dienste leisten als bisher. Ich denke an das Wort Feier. Feiern kann man nur, was auch wirklich geschehen ist oder als wirklich erwartet wird. Feier bezieht sich immer auf eine außerhalb ihrer selbst liegende, ihr gegenüberstehende Realität. Diese Realität ist im Falle der eucharistischen Feier sicher in erster Linie die geistliche Gegenwart Jesu. Der Glaube an diese Gegenwart und die entsprechende Verkündigung berufen sich herkömmlicherweise zunächst auf die Gegenwart der eucharistischen Speisen und das Stiftungswort; im Gefolge des II. Vaticanums aber deutlich auch auf die Verheißung, welche selbst der

Versammlung von »zwei oder drei« Gläubigen gilt, auf die Gemeinde. Erst in jüngster Zeit wohl spielt in diesem Zusammenhang auch die Berufung auf sonstige zeichenhafte Mähler Jesu »mit Zöllnern und Sündern« eine bedeutende Rolle sowie auf die Tischgemeinschaft des Auferstandenen mit seinen Jüngern. Die Beschränkung des Jesusgedenkens auf seinen Abschied, seinen Tod und seine Auferstehung gibt der Meßfeier gewiß Dramatik und mystische Tiefe. Diese Beschränkung nimmt andererseits der Mahlgemeinschaft mit Jesus allerhand von ihrer Fülle. Sie nimmt ihr auch etwas von ihrer Verständlichkeit und Mitvollziehbarkeit. Es wäre deshalb besser, die »Wiederholung« nicht nur auf die paulinische Abendmahlstradition zu begründen, sondern auch auf die Gepflogenheit Jesu, zeichenhaft Mahl zu halten.

Die sinnvolle Kontinuität von den Mählern Jesu mit Freunden, Kritikern und Disqualifizierten über das Letzte Abendmahl bis hin zu den Begegnungen der Urgemeinde mit Auferstandenen im gemeinsamen Mahl bietet unserer Mahlfeier eine so gewichtige wie verständliche Legitimation, daß wir diese um keinen Preis der Welt einschränken sollten.

Zum Thema Ursprungsnähe noch zwei Hinweise auf exegetische Erkenntnisse, die uns gelehrt haben, das Letzte Abendmahl besser zu verstehen und somit die *regula fidei* für unsere Abendmahlsfeier präzisieren. Die erste dieser Erkenntnisse bezieht sich auf ein Jesuswort, das aus dem regelmäßigen liturgischen Gebrauch völlig verdrängt worden ist: »Ich werde von der Frucht des Weinstocks nicht mehr trinken bis zu dem Tage, da ich von neuem mit euch trinken werde im Reiche des Vaters« (Mt 26,29 Parr.). Dieser Spruch, der vermutlich aus dem liturgischen Gebrauch ausgeschieden ist, weil er gerade die Unwiederholbarkeit des Abschiedsmahles betont, hat durch die exegetische Forschung starke Aufwertung erfahren. Er gilt als das historisch wahrscheinlichste Abendmahlswort. Man kann daher nur wünschen, daß dieses Wort in den liturgischen Gebrauch aufgenommen werde oder zurückkehre. Daß dieses Wort gerade den Anteil des Abendmahls formuliert, den wir nicht nachvollziehen können, brauchen wir dabei nicht als unwillkommene Nebenerscheinung in Kauf zu nehmen. Es kann vielmehr den eschatologischen Charakter der Eucharistie betonen, ihre Vorläufigkeit »bis du kommst in Herrlichkeit«. Das Mahl der Ewigkeit erscheint in

diesem Wort als Vollendung der Eucharistie, ja des Gottesdienstes, des Menschseins überhaupt.
Eine zweite exegetische Erkenntnis bezieht sich auf das kontroverstheologisch so hart umkämpfte »ist« der sogenannten Wandlungsworte. Martin Luther konnte sich gegen Calvin noch temperamentvoll auf das griechische Wort *estin* berufen, das in den griechischen Abendmahlsworten wohl zu finden ist, sich ins Aramäische aber nicht adäquat zurückübersetzen läßt. Diese Erkenntnis legitimiert Übersetzungen, die auch in der Landessprache auf das »ist« verzichten wie die erwähnte »Meditation nach Art einer *eucharistia*« von *Heinrich Kahlefeld,* die er selbst als Hochgebet zu verwenden pflegte.
Um dem Ursprung, dem Stifter unseres Gottesdienstes, möglichst nahezukommen, bestmöglich gerecht zu werden, sollten wir unsere gottesdienstliche Praxis noch in anderer Richtung erweitern. Wir denken ja, wenn wir an Jesus denken, nicht nur an seinen Tod und die Mahlgemeinschaft mit seinen Jüngern; wir denken auch an seine Lehre und an sein heiliges Leben, an die Wunderkraft, die in ihm war. Davon redet zwar jeden Tag neu das Evangelium der Messe, aber dort wird z. B. die Lehre Jesu nicht als Bestandteil der *memoria* interpretiert. Jeweils zu den entsprechenden Festen kommt zwar selbst in den Hochgebeten die eine oder andere *memoria* zum Todesgedächtnis hinzu, aber gerade das, was man pauschal als »Lehre und Leben« bezeichnen kann, ist auch von dieser Art *memoria* nahezu ausgeschlossen, obwohl Leben und Lehre sicher zentraler zum Gedächtnis Jesu gehören als etwa der marianische Legendenkreis. Es bleiben also bei der Gedächtnisfeier für Jesus viele Wünsche offen, von denen hier nur wenige angedeutet werden.
Doch Eucharistie ist nicht nur Jesusfeier, sondern nach dem Platze, den sie bei uns einnimmt, der zentrale Gottesdienst überhaupt. Schon in der frühesten Kirche trat die Feier der Eucharistie an die Stelle des Tempelkults und an die Stelle der Pascha- und der Sabbatfeier. Es gibt bei uns zwar einfachere Formen des Gottesdienstes, zum Beispiel das Stundengebet; aber es gibt keine gleichrangige oder notwendige Ergänzung zur Feier der Eucharistie. Was in der Eucharistiefeier nicht »vorkäme«, das würde von uns auch sonst nicht (gottesdienstlich) gefeiert.
Neben dem Gedächtnis des Herrn nennt die genannte Instruktion

deshalb den Dank an Gott, den Vater »für alle Güter, die er in der Hoffnung und ... im österlichen Geheimnis den Menschen geschenkt hat«, die Bitte um das Kommen des Reiches (3c), die Versöhnung mit Gott und das Lob (3e). Diese Zielsetzung übernimmt die christliche Eucharistiefeier teilweise von der alttestamentlichen Pascha- und Sabbatfeier. Während die spezifisch jüdischen Memorien wie die Befreiung aus Ägypten und die Landnahme in der nunmehr weltweit gefeierten christlichen Eucharistie verständlicherweise in den Hintergrund getreten sind, erhebt zumindest die genannte Instruktion den Anspruch, daß in der Eucharistie der Dank an den Schöpfer geschehen soll. Alle Gedanken, die man in etwa der Schöpfungstheologie zuordnen müßte, sind allerdings bei den Texten unserer Messe weitgehend an den Rand gedrängt. Die Offertoriumsgebete des Priesters bleiben meist unhörbar. Sie beziehen sich auch nur auf Brot und Wein als »Früchte der Erde und der menschlichen Arbeit«. In der Präfation kommt Schöpfungstheologie nur selten vor. Das an den Vater gerichtete Hochgebet thematisiert fast ausschließlich das Christusereignis. Selbst das vierte Hochgebet widmet der Schöpfungstheologie noch vergleichsweise wenig Worte. Immerhin zeigt dieses Hochgebet – und nicht nur dieses – den Beginn eines Gesinnungswandels an. Möge die Eucharistiefeier der Zukunft auf dieser Basis weiterbauen und den Kern aller *religio* im besten Sinne, der Hinwendung des Menschen zu seinem Gott, noch mehr Raum geben. Schließlich ist über die relativ kleine Gruppe derer, die bei der Messe hauptsächlich an Jesus denken hinaus, der größere Teil der feiernden Gemeinde hauptsächlich deshalb erschienen, weil sie vor ihren Gott und Schöpfer treten wollen, um ihm ihren Dank, ihre Klagen und Bitten vorzutragen, sich ihm zu stellen, seinen Willen zu tun.

Beide tragenden Motive der eucharistischen Feier vereinigen sich an jenem Punkt, wo auch Jesus selbst das Ziel und den Sinn seiner Mahlfeiern sah: in der zeichenhaften Ankündigung, ja Vorwegnahme des Reiches Gottes. Diese Sinnvorstellung hebt auch die Instruktion von 1967 – wie zitiert – gebührend hervor. Zur Feier von Gottes Taten in Vergangenheit und Gegenwart tritt die Feier der Zukunft, ja sie tritt an die erste Stelle, sie wird zur vorausnehmenden Gegenwart, bis Jesus mit uns »von neuem trinken wird im Reiche Gottes«.

So viele Memorien, so viele Inhalte in eins zu fassen, ermöglicht uns wiederum am leichtesten und am verständlichsten das Wort Feier.
Das Wort Feier läßt uns aber auch den Alltag der Gemeinde, das Opfer der Nachfolge mitverstehen. Wie oben angedeutet, gibt es nichts zu feiern, was nicht auch real geschieht, geschah oder geschehen wird. Auf den Alltag bezogen: Es ist zu feiern, was die Gemeinde (aus der Kraft Gottes, im Auftrag Jesu) in der Woche arbeitet, durchleidet, schafft. Von dieser Sichtweise wird noch öfters die Rede sein. Hier genüge es, diesen Aspekt anzufügen, als weiteren Teil der Antwort auf die Frage nach einer ursprungsgerechten Vorstellung von Eucharistie.
Dieser Frage oder Forderung hatten wir die Forderung nach einer »menschengerechten« zur Seite gestellt. Ich glaube, daß die gegebenen Hinweise auf die Geschichte Jesu mit seinen Jüngern, auf das Schöpfungs- und Schöpfergedächtnis, auf die Feier des Reiches Gottes und auf die Feier des Alltagswerkes auch diese zweite Frage schon ein Stück weit beantwortet haben. Eine voller verstandene und breiter begründete Eucharistie oder Meßfeier bietet auch den verschiedenen Teilnehmern mehr Identifikationsmöglichkeiten. Die Vielfalt oder Fülle der Identifikationsmöglichkeiten aber halte ich für äußerst wichtig. Eine Feier, zu deren regelmäßiger Mitfeier die Kirche jeden Gläubigen verpflichtet, sollte auch jede Form christlichen Glaubens in sich repräsentieren. Wer die ihm wichtigsten Glaubensinhalte in der Sonntagsmesse nicht deutlich genug ausgedrückt findet, wird sich ohnehin von dieser Feier zumindest innerlich distanzieren.
Die Forderung nach einer menschen- oder christengerechten Feier muß sich aber auch aufs Formale beziehen. Theoretische Grundlagen für eine menschengerechte Liturgie bietet m. E. am besten und klarsten formuliert *Rudolf Ruppert*. Die nötigen Hinweise auf das älteste liturgische Erbe hat schon *Klaus Gamber* 1966 gegeben mit seiner Schrift »Liturgie übermorgen«. Die teils deduktive, teils empirische Vorarbeit Rupperts ließe sich sicher noch vielfältig ergänzen. Z. B. erscheinen weitere Untersuchungen darüber notwendig, wieviel an Liturgie und was an Liturgie ein Durchschnittsmensch von heute oder eine bestimmte Altersstufe überhaupt ertragen oder optimal verarbeiten kann. Es bleibt z. B. zu fragen: Wie lange braucht ein liturgisch einigermaßen

geübter Mensch im Durchschnitt, um sich in den liturgischen Vorgang einzufühlen? Wie lange kann er in der liturgischen Situation mit Gewinn ausharren? Wodurch wird dieses *tempus utile* liturgischen Tuns verlängert, wodurch verkürzt? Wie viele Informationen kann ein Mensch in einer etwa 45minütigen Liturgie mit Gewinn aufnehmen und verarbeiten? Wie viele inhaltliche oder formale Spannungen und Divergenzen kann ein Mensch positiv verarbeiten?

Zur Antwort auf diese und ähnliche Fragen könnten empirische Untersuchungen vieles beitragen. Der Verfasser, ein liturgiewissenschaftlicher Laie, kann allerdings mit solchen Untersuchungen oder gar mit deren Ergebnissen nicht aufwarten. Er muß sich darauf beschränken, die obigen Fragen wie den Anfang eines liturgiewissenschaftlichen Wunschzettels vorzulegen und an das fachliche Engagement zu appellieren. Zur Antwort auf Fragen der vorgelegten Art trägt allerdings auch die vorwissenschaftliche, praktische Erfahrung bei. Auf solche kann der Verfasser sich berufen. Genau besehen, steckt freilich überall in unserem liturgischen Tun die Erfahrung von Jahrtausenden. Aber es stecken – wie angedeutet – darin auch ideologische, eher erfahrungsfeindliche Maximen; es steckt darin gar mächtig die Erfahrung der spätantiken Kirche, wo heutige Erfahrungen zur Wirkung kommen müßten.

Ich möchte die nötige empirisch-liturgische Feldforschung nicht untätig abwarten. Ich möchte im folgenden meine eigene liturgische Praxis und die Praxis anderer Liturgen und Gemeinden sowie die Liturgie der offiziellen Bücher in Erinnerung rufen und vom Stande meiner begrenzten Möglichkeiten her nach der Vollziehbarkeit dieser Formen fragen und, wo nötig, nach sinnvolleren Formen suchen, bzw. zur Suche anregen. Möge daraus, je nach Art der Vorschläge oder Problemanzeigen, Anregung für die Praxis, für die liturgische Wissenschaft und die liturgische Gesetzgebung entstehen.

Die angekündigte Durchsicht der Liturgie soll in dieser Folge geschehen:

• Die Räumlichkeit der Liturgie. Die vorgeschriebene und die übliche Vorbereitung des liturgischen Raumes und andere Zurüstungen sollen reflektiert und mit Vorschlägen zur Optimierung versehen werden (I).

- Der Ablauf der Liturgie und verschiedene Detailfragen werden ähnlich behandelt (II und III).
- Weiterführende Vorschläge. Am Tisch des Letzten Abendmahls hat es ganz anders ausgesehen als in einer katholischen Kirche. Unsere Liturgie, die sich im Laufe der Jahrhunderte so stark verändern konnte, wird sicher auch in Zukunft sich wandeln. Einfälle und Vorschläge dazu sollen die Revision des Bestehenden ergänzen (IV).
- Die Texte der Liturgie. In diesem Bereich soll an exemplarischen Stücken die Problematik gezeigt und Material für weiterführende Versuche zur Verfügung gestellt werden (V). Dieses Material wird vielleicht als *praeter legem* eingestuft werden. Aber ohne Vorschläge und Versuche gibt es auch im Bereich der Gesetzgebung und der offiziellen Texte keine Fortschritte. Der kirchliche Benützer dieses Materials wird versuchen, sich im Bereich der amtlichen Toleranz zu halten.

Toleranz und Bereitschaft zu weiteren Fortschritten in der liturgischen Praxis erscheinen durch das Rundschreiben »Inaestimabile Donum« vom 30. April 1980 allerdings eher behindert als gefördert. Hier wie anderwärts scheint gerade den Leuten in den kirchlichen Zentralstellen der Weg, den das II. Vaticanum gewiesen hat, zu steil und zu gefährlich geworden zu sein. Das genannte Papier liest sich fast vorkonziliar. Das begrenzt natürlich seinen Stellenwert. Von weiterer Entwicklung, etwa zum Letzten Abendmahl hin, ist nirgendwo die Rede. Die Handlungsfreiheit des Liturgen wird allenthalben eingeengt. Eine solche Reaktion auf die Entwicklung der letzten Jahre ist allerdings nur zu gut zu verstehen. Geschmacklosigkeiten, Protestlertum, Dilettantismen haben die Liturgiereform oft genug in Mißkredit gebracht. Unsere Bilddokumentation wird speziell auf dilettantische Gestaltungsversuche im optischen Bereich hinweisen müssen. Persönlich sah ich in einer französischen Kathedrale einmal für einen Nonnenkonvent in Tracht einen Priester in Turnschuhen zelebrieren. Bei der Mahnung zum guten Stil und zur Wahrung von Traditionen darf man freilich das Kind nicht mit dem Bade ausschütten. Ich hielte es daher für wichtig, in einem solchen Dokument auch von der Tradition zu sprechen, welche das II. Vaticanum erneuert hat: von der Glaubensgemeinschaft, die in der Zeit und mit der Zeit lebt und »in lebendiger Beziehung zur Welt an der Erfahrung der

Geschichte immerfort reifen muß« (Kirche in der Welt von heute, 43).

Bis zum Hochmittelalter war es gerade für die Liturgie selbstverständlich, mit der Zeit zu gehen. Erst zur Zeit zäsaropapistischer Exzesse wie der »Konstantinischen Schenkung« und im Gefolge des Absolutismus und der Gegenreformation wurde die liturgische Weiterentwicklung unterdrückt. Wenn die neue Instruktion aus Rom sich energisch gegen nichtautorisierte liturgische Texte zu wehren sucht, so setzt sie sich der Frage aus, ob sie wohl in jene unglückliche Zeit der Kirche zurückzudrängen suche. Dem Verdacht kann sie nur entgehen, wenn neue Textvorschläge – wie die unseren – wohlwollend geprüft und zumindest *ad experimentum* auch freigegeben werden. Auf der anderen Seite muß man sehen, daß die Instruktion den Frauen das Vorlesen gestattet, das ihnen ein anderes Dokument einmal verboten hatte, und daß sie keine Einwendungen gegen die Handkommunion vorbringt.

Den Schwerpunkt der hier vorgelegten Arbeit sehe man jedoch weniger in der Kritik an der offiziell vorgesehenen Liturgie, sondern eher in der Kritik an der oftmals von diesen Vorschriften und ihrem Sinn abweichenden Praxis, vor allem aber in den positiven, weiterführenden Vorschlägen.

Der Verfasser wünscht sich dabei, daß eine neu durchdachte, gereinigte und weiterentwickelte Praxis auch die Freude am Gottesdienst beleben und stärken möge. Gerade die Messe zu feiern, kann wunderschön sein, vom Spirituellen her, vom Optischen, vom Musikalischen, vom Sozialen her. Nicht umsonst hat seit einiger Zeit die Feier der Messe alle anderen Formen von katholischem Gottesdienst an den Rand gedrängt. Die Einseitigkeit kann man bedauern. Zunächst einmal gilt es, das, was wir am häufigsten und am intensivsten tun, auch den Gläubigen *sub gravi* mitzuvollziehen vorschreiben, möglichst gut zu machen.

Welchen Methoden unsere Reinigungs- und Optimierungsvorschläge dabei entspringen sollen, hat sich wohl in diesen einleitenden Bemerkungen schon abgezeichnet. Es wurde und wird theologisch argumentiert, von der Erforschung des Ursprungs her, von kirchlichen Dokumenten her. Diese Methode eignet sich vor allem für die Suche nach einer ursprungsgerechten Eucharistie. Andererseits wird unsere Eucharistiefeier struktural als »Text« gelesen werden. Es wird also viel von dem die Rede sein, was im

Raum und im Verlauf des Gottesdienstes zu sehen und zu hören ist; wie diese optischen und akustischen »Texte« zueinander stehen und schließlich, was sie bedeuten oder bedeuten können, wie sie aufgenommen und verarbeitet werden können. So gesehen, begibt sich der Verfasser, der eigentlich Homiletik betreibt, nicht einfach ins Fachgebiet einer anderen theologischen Disziplin. Er will Liturgie auch homiletisch, als Predigt, hören und sehen. Vielleicht läßt sich auf diese Weise zu einer sinngerechten Eucharistiefeier einiges beitragen, was die zünftige Liturgiewissenschaft nicht in gleicher Weise thematisiert.

I. Gestaltung des Raumes und andere Zurüstungen

In aller Regel wird die Eucharistie – und auf diese wollen wir uns beschränken – in einem eigens dafür gestalteten Raum gefeiert. Die Mehrzahl unserer Kirchen und Kapellen ist in den letzten Jahren an die konziliare Reform angepaßt oder neu gestaltet, neu gebaut worden. Über den Kirchenbau und die zeitgerechte Raumgestaltung gibt es eine Menge Literatur, nicht zuletzt in Fachzeitschriften. Hier möchte ich mich darauf beschränken, die wichtigsten Einrichtungsgegenstände in Blick zu nehmen und auf ihre technische, optische und symbolische Funktion hin zu befragen. Fotomaterial wird das Gemeinte veranschaulichen.

1. Der Altar

Der Altar ist zwar nicht das einzig wichtige Einrichtungsstück einer katholischen Kirche, auch nicht dasjenige, das zuerst gebraucht wird. Es kommt dem Altar aber eine so zentrale Stellung und Aufgabe zu, daß es gut scheint, bei ihm den kritischen Rundgang durch das Innere einer katholischen Kirche zu beginnen. Dem Altar gelten von Anfang an Begrüßung und Reverenzen. Er symbolisiert auch schon während des sogenannten Wortgottesdienstes die Gegenwart des Christus, trägt in der Regel das sonst zentrale Zeichen des Kreuzes. Zudem hat die Vatikanische Liturgiereform gerade an Stellung, Aussehen und Gebrauch des Altares Wichtiges geändert. Auch divergieren Sinnvorstellung und Ausführung bei unseren nachkonziliaren Altären oft besonders deutlich. Das Problem brennt also. Das beweisen auch ungezählte Stellungnahmen von Gottesdienstbesuchern aller Art.
Unter den verschiedenen Möglichkeiten, einen Zelebrationsaltar zu gestalten, ist infolge der geschichtlichen Entwicklung die schwierigste am häufigsten realisiert zu finden: die Meßfeier an

einem *sogenannten Volksaltar.* Dieser ist meist in geringerer oder größerer Entfernung vor dem alten Hochaltar aufgestellt. Diese Anordnung wird in vielen Fällen nicht zu umgehen sein. Der *alte Hochaltar* wird oft schon aus denkmalspflegerischen Gründen an seinem Platz bleiben müssen. Der mit ihm optisch konkurrierende Volksaltar bietet dem Kirchenbesucher dann einen besonders problematischen Anblick, wenn dieser Altar mit dem Hochaltar, dem Kirchenraum oder mit seiner Funktion nicht harmoniert. Abwehr löst zum Beispiel ein Zelebrationsaltar aus, der dem alten Hochaltar zu ähnlich ist, also eine Doublette bildet, aus dem gleichen Material, in den gleichen Farben; bedeckt mit den gleichen Tüchern, Leuchtern und Blumen. Folge: Der Besucher findet kein Zentrum mehr vor, kann sich schlecht konzentrieren.

Ebenso störend wirkt aber auch das gerade Gegenteil: In einer stilistisch einheitlichen Kirche, vielleicht im Barockstil oder neugotisch, wird ein *sogenannter moderner Altar* aufgestellt, ein Kasten aus Sperrholz, ein gewöhnlicher Tisch oder ein kaum bearbeiteter Stein. Folge: Die Teilnehmer am Gottesdienst können sich das häßliche Trumm nur fortwünschen. Das werden sie insbesondere dann tun, wenn der unbenützte Hochaltar für die Eucharistie wohlgeschmückt ist – Tücher mit Spitzen, Leuchter, Blumen, Kreuz – der Zelebrationsaltar aber schlicht oder schlecht ausgestattet erscheint: Die Tücher so geschnitten und gelegt, daß nur der Priester und die Ministranten sie überhaupt sehen können, oder doch so gestaltet, daß sie gegenüber den Tüchern des Hochaltares als ärmlich, minderwertig oder schäbig erscheinen; Kreuz, Leuchter und Vasen nicht in die Kirche passend.

Den übelsten semantischen Auswuchs hat erst die jüngste Altararchitektur in unsere Kirchen gebracht. Während auch bei den aufwendigsten Barockaltären die Mensa selbst meist ziemlich schlicht gehalten wurde und *einem Tisch* (dem Tisch des Letzten Abendmahls) *einigermaßen ähnlich* blieb, erinnern viele moderne Altäre nicht mehr im mindesten an einen solchen Tisch. Sie sind eindeutig heidnischen Opfersteinen nachgebildet. Auch fehlt dann in der Regel ein anständiges Tischtuch, wie es früher immer auf den christlichen »Altären« zu finden war. Der eher blutdürstig anzusehende Opferstein braucht und verträgt natürlich von Haus aus kein Tischtuch. Die Liturgen helfen sich dann meist mit einem bräunlichen Latz, den sie auf ihre Opferstätte breiten lassen; dieser wird aber so knapp bemessen, daß außer dem Zelebranten und dem Altardiener ihn ohnehin niemand erblicken kann. Wenn das die rechte Zurüstung zu einer christlichen Eucharistiefeier sein soll, warum hat dann Jesus das Letzte Abendmahl an einem Tisch gefeiert?

Wem diese Frage nicht genügt, der möge auch noch das folgende bedenken: Im Laufe der Jahrhunderte haben sich gewisse Einzelheiten der katholischen Eucharistiefeier sehr konsequent, sehr beharrlich, vom Abendmahlssaal weg zu heidnischen und alttestamentlichen Vorbildern hin entwickelt.

Bei einem vorkonziliaren Hochamt oder einer zeitgenössischen Winkelmesse erinnerte soviel wie nichts mehr an das Letzte Abendmahl; die Verdrängung war perfekt. Eine Mischung von Zeustempel und Passionsspiel schien an die Stelle dessen getreten zu sein, was wir »zu seinem Gedächtnis« tun sollen. Ein liturgischer »Mißgriff« Jesu im Abendmahlssaal schien korrigiert. Die Priester konnten wieder Priester sein im Sinne der Leviten und der römischen Auguren. Kaum hat nun das II. Vaticanum wieder einige Schritte zum Ursprung hin veranlaßt, schon fällt den Nachfolgern der *luperci* und *flamines* ein neues Mittel ein, Archaisches zu reproduzieren: *Opferstein statt Tisch*. Das sind natürlich keine Zufälle. Hier zeigen sich allertiefste, meist unbewußte Motive, archaische Bedürfnisse, die Jesus mit seiner Lehre und seinem Vorbild (vom Letzten Abendmahl) nicht erfüllt hat und Opferideologien und Opfersymbole erheischen. Selbst die *verba testamenti,* welche auf den Tod Jesu hinweisen, reichen da nicht aus. Es muß ein Stein her und anderes.

Diese Andeutungen führen uns freilich über den Rahmen dieser praxisbezogenen Schrift hinaus. Immerhin, es geht uns ja um die Praxis des Glaubens und der Theologie. Es geht uns um den Glauben – und seine Alternativen, wie sich beides in den Worten und Zeichen der Liturgie ausspricht. Wer sich einen Opferstein statt des Abendmahlstisches aufstellen läßt, wird sich nicht nur als Sachwalter Jesu verstehen, sondern noch anderes im Sinn haben – bewußt oder unbewußt. Er stellt sich und seine Aufgabe entsprechend mehrdeutig dar, erzeugt im Kirchenbesucher entsprechende Erwartungen, vielleicht auch Mißverständnisse. Die Sprache der Symbole ist freilich immer mehrdeutig und jeder legt

sie sich von seinem Blickwinkel her aus. Aber Sprache ist alles, was wir schaffen und tun, zumal wenn es sich um ein Gebäude und eine Zurüstung handelt, die so wenig praktische Bedeutung haben wie eine Kirche. Alles, was es da zu sehen und zu hören gibt, wird als Text gehört und gelesen und »spricht Bände«.
Noch ein Wort zu den alten *Seitenaltären!* In den meisten Kirchen stehen noch Seitenaltäre; sie werden aber zur Zelebration nicht mehr benützt. Dennoch findet man sie meist zur Zelebration besser vorbereitet als den Zelebrationsaltar: mit besser sichtbaren Tüchern versehen, reicher geschmückt usw. Zwischen einem pompösen Hochaltar und wohlbereiteten Seitenaltären kann der Zelebrationsaltar vollends nur als unerwünschter Zusatz, als Peinlichkeit erscheinen. Die erneuerte Liturgie verlangt, daß *ein Altar* für die Messe vorbereitet sei und kein zweiter. Welcher Altar das im konkreten Falle ist, muß optisch klar sein. Alle »nichtbenutzten« Altäre müssen also optisch weitmöglich zurücktreten. Sie sollen auch nicht gerade schäbig und nackt wirken, aber nebensächlich.

Einen wohlvorbereiteten Zelebrationsaltar stelle ich mir etwa so vor:

a) Der Altar soll nicht zu groß und vor allem nicht zu klein sein. Er soll nicht als ein Verlegenheitsmöbel im großen Raum stehen, sondern seiner zentralen Funktion entsprechen. In stilistisch einheitlichen Kirchen muß der Zelebrationsaltar sich dem Stil der Kirche anpassen. Die einfachste Möglichkeit dazu bieten stilgerechte Antipendien, die den Altar (gespannt oder ungespannt) umgeben, am besten jeweils in den liturgischen Farben.

b) Der Zelebrationsaltar soll nicht zu niedrig stehen. Je mehr der Hochaltar optisch zurücktritt, um so höher darf der Zelebrationsaltar stehen.

c) Der Zelebrationsaltar soll wie ein zum Mahl gerichteter Tisch eingedeckt sein. Man soll die *Altartücher* also gut sehen. In einer alten Kirche sollten die Altartücher selbstverständlich auch Spitzen tragen. Der zur Zelebration augenblicklich nicht benützte Hochaltar soll deutlich anders eingedeckt werden. Manche Altäre kann man nackt lassen, obwohl sie dafür nicht gebaut sind. Am günstigsten erscheint eine farbige Überdecke, die keine weißen

Tücher sehen läßt, vielleicht aus Goldbrokat (nicht *uni*, damit sich kein zu großer Farbkleks bildet).

d) Der Meßaltar ist kein Spielzeug. Man gestalte ihn daher nicht modisch, sondern würdig: also nicht die Blumen rechts und die Kerzen links. (Vor solchen Altären warte ich auf den Einzug eines Priesters, der die Ohren links und die Augen rechts hat.) Wer keine Symmetrie wünscht, setze zumindest nicht die Blumen gegen die Kerzen (das ist wieder Symmetrie), sondern lasse eine Seite von *Blumen und Kerzen* frei, wenn er die Spielerei schon nicht lassen kann.
Ein kleines Stehkreuz in der Mitte des Altares oder ein hängendes *Kreuz* über ihm oder ein dominierendes Kreuz auf dem Hochaltar (bzw. über dem Priestersitz) in der Mittelachse geben der Kirche ein sinnvolles und notwendiges optisches Zentrum. Das Kreuz, etwas keck zur Seite gerückt, wirkt meistens peinlich.
Diese ausführlichen Vorschläge nehme niemand für unwichtig; jeder gesunde Mensch hört und sieht, und alles, was ein Mensch beim Gottesdienst aufnimmt, nimmt er hörend und sehend auf. Eine ungeordnete Altarsituation werden zwar nur wenige Gottesdienstteilnehmer mit ästhetischem Scharfsinn analysieren; aber die meisten unter ihnen werden sehen, fühlen und leiden.
Ein funktionsgerechter Altar wirkt einladend, konzentrierend und schützt vor Mißverständnissen.

e) Vor allem in romanischen Ländern hat man den alten Hochaltar gern für die Zelebration *versus populum* umgebaut. Das Vorhaben ist in manchen Fällen sehr gut, in anderen sehr schlecht gelungen. Die unterschiedliche Wirkung ergibt sich aus der Unterschiedlichkeit des alten Befundes. Kirchen in südeuropäischen Ländern erhielten auch noch während der Barockzeit meist einfachere Altäre als bei uns. Der klassischen steinernen Mensa fügte man hinten oft nur eine wenig erhöhte Leuchterbank mit oder ohne Tabernakel an, in vielen Fällen überkrönt von einem Kruzifix. Der Blick glitt von einem solchen Altar bald weiter in den Hintergrund, wo ein Chorfenster oder ein Altarblatt an der Chorwand oder ähnliches das eigentliche optische Zentrum schuf. In solchen Kirchen hat sich der Umbau meist bewährt. Die alte Mensa wird von der angebauten Leuchterbank befreit, der Tabernakel auf einen Seitenaltar transferiert, das Kreuz z. B. aufgehängt. Unter

dem abschließenden Altarblatt im Hintergrund findet dann der Priestersitz Platz.
Weniger glücklich ist die entsprechende Modernisierung meist gelungen, wo sich an die Mensa unmittelbar ein hoher Aufzug anschließt. Trennt man hier die Mensa ab, um sie einen guten Meter vorzurücken und dem Priester das Stehen hinter der Mensa zu gestatten, so wird eine störende Wirkung erreicht. Der Priester verschwindet mit seiner unteren Hälfte in dem schmalen Schacht zwischen Mensa und Aufzug. Ungute Assoziationen stellen sich ein (z. B. Dame ohne Unterleib auf dem Oktoberfest). Wer die Mensa vom Aufzug abtrennt, muß dies entschiedener tun. Die Mensa muß einige Meter vom Aufzug abgerückt, meist auch verkürzt werden. Vorteilhaft wirkt sich meist aus, wenn die Mensa nicht als Block belassen, sondern etwas durchsichtig gemacht wird, so daß man auch von den Beinen des Zelebranten etwas zu sehen bekommt. Der Priestersitz bekäme in solchen Fällen vor dem nun freistehenden Aufzug seinen Platz. Nicht unter dem Kreuz sitzen, nicht in der Mitte sitzen wollen, das sind unangemessene Ausweichmanöver, von denen gleich noch die Rede sein wird.
In vielen Kirchen ist es für einen zweiten Altar einfach zu eng, selbst wenn der »alte Hochaltar« optisch bestmöglich zurückgenommen wird. Dann bieten sich zwei Möglichkeiten an: Entweder man bleibt bei der Zelebration mit dem Rücken zur Gemeinde, was auch noch nicht das Ende einer sinnvollen Pastoral bedeutet. Oder man macht es, wie es in der antiken Basilika der Brauch war: Ein *kleiner Zelebrationstisch* wird erst herbeigetragen, wenn man ihn braucht, also zur Tischbereitung, zum Offertorium, und nach dem hl. Mahle wieder entfernt.
Ausgiebige Diskussionen gab es bei liturgischen Umgestaltungen meist um die Frage, wo der Zelebrationsaltar stehen soll. Hat eine Kirche ein Querschiff, so wird wohl die Vierung den günstigsten Platz bieten, sonst – falls vorhanden – der Chorbogen. Zu weit zurückgenommene Altäre wirken provisorisch.

2. Der Priestersitz

Zur guten Gestaltung der Liturgie gehört nach dem Altar ein *funktionsgerechter Priestersitz.* Bei der Anlage des Priestersitzes ist oft auf deutliche Zeichen von Bescheidenheit besonders Wert gelegt worden. Nur so läßt sich verstehen, daß der Priestersitz oft auch in solchen Kirchen *an der Seite* zu finden ist, in denen er gut und funktionsgerecht *in der Mittelachse des Raumes* stehen könnte.

Es gibt m. E. zwei Gründe, den Priestersitz zur Seite zu rücken: (1) zu geringe Distanz zwischen Meß- und Hochaltar; (2) der Priester käme, säße er in der Mittelachse, in jedem Fall vor dem Tabernakel zu sitzen. Ich finde nichts dabei, wenn der Priester unter dem Tabernakel sitzt; wenn also der Hochaltar oder wenigstens der Tabernakel so hoch angebracht ist, daß der Priester den Tabernakel nicht verdeckt. Unmittelbar hinter dem Priestersitz könnten eine Art Lettner, ein Paravent oder Treppenaufgänge von der Seite her den Zelebrationstischbereich optisch abschließen. Dadurch wird dem Tabernakel ein höher gelegener, abgeschlossener Bereich geschaffen. Befindet sich der Priestersitz an der Seite, bildet sich um den Altar keine Runde. Die Versammlung erscheint vorsitzlos, was sie nach der Sakramentenlehre nicht sein darf. Sitzt der Priester nun überflüssigerweise auf der Seite, so bekennt er sich nicht recht zu seiner Rolle und schafft damit eine Peinlichkeit mehr.

Die *Ministranten* sitzen am besten rechts und links vom Priester und helfen damit zur optischen Konzentration. Bleiben sie irgendwo an der Seite, vielleicht gar unsichtbar, so wirkt der Priester eher einsam und hilflos. Zudem muß er sich dann selbst bedienen und bückt sich demzufolge bald hierhin, bald dorthin. Das stört die optische Ruhe, die Konzentration und die Feierlichkeit – und die Messe soll doch wohl nach wie vor *gefeiert* werden. Allerdings bestimmt das Meßbuch, daß Priester und Ministranten sich nicht die gleiche Bank teilen sollen. Der Priestersitz ist also entsprechend hervorzuheben.

Überflüssig und sinnwidrig erscheint ein *Pult vor dem Priestersitz.* Ein Pult an dieser Stelle nützt nur dem Hersteller und seinem Geschäft. Der Priester an seinem Sitz verhält sich bei der Messe wie der Bischof schon immer im Pontifikalamt sich zu verhalten hatte. Er lasse sich bei der Oration das Buch von einem Assistenten halten (oder nehme es einfach in die Hand); dann wirkt er frei, offen, als Vorsitzer der heiligen Versammlung. Hinter dem Pult wirkt der Priester eher defensiv, verbarrikadiert.

Andererseits müssen die liturgischen Bücher irgendwo bereitliegen. Neben den Sitzen der Ministranten soll sich also ein weiterer Hocker oder ein *Tischchen* oder *Geschränk* für Meßbuch, Gesangbuch und sonstige *Literalien* befinden. Unter einfachsten Verhältnissen wird es sich bewähren, wenn der Zelebrant diese Ablage auch mit der Hand erreichen kann. Ein solches Kompromiß-Stück wird man aber sehr dezent gestalten und aufstellen müssen. Die Bücher gehören an sich in die Obhut der Altardiener. Auf jeden Fall soll man vermeiden, daß der Zelebrant, an seinem Platz angekommen, sich zunächst einmal nach dem »Gotteslob« bückt oder während der Messe hinter dem Ministranten auf den Hocker greift. Nicht nur der Teilnehmer, der die Vornehmheit der alten Liturgie noch kannte, wird sonst gleich zu Beginn mit dem Dilettantismus der neuen Form verprellt. Auch der unbefangene Teilnehmer hat kein Bedürfnis, den Zelebranten bei Verlegenheitsmanövern zu beobachten oder zu sehen, was beim Bücken unter seiner Albe hervorkommt.

An die liturgischen Verlage sei hier eine Bitte gerichtet: Druckt ein eigenes Büchlein, das die Einleitung der Messe, die Orationen, die Schlußgebete und die Segensformeln enthält. Das dicke Meßbuch braucht man dann nicht mehr *ad sedile* zu benützen. Bleibt ein Zelebrant bei der Schlußoration am Altar, dann kann als Orationale für die einleitenden Riten auch dieses Buch hier dienen.

3. Das Lesepult und anderes Zubehör

In kleineren Kirchen, die noch eine Kommunionbank haben, kann man einfach ein altes Meßpult auf die Kommunionbank stellen. Das nimmt sich viel besser aus als ein Stehpult, das direkt hinter oder neben der Kommunionbank steht. Bank und Ständer vertragen sich optisch nicht. Ein schönes, altes Kelchvelum kann das Pult der liturgischen Farbe gemäß schmücken.

Pult oder Ambo sollen nie brutal wirken (durch grobe Metall- oder Steinformen z. B.). An einem solchen Platz gesprochen, wirken auch Evangelium und Predigt brutal. In vielen Kirchen wäre es zu begrüßen, wenn die *alte Kanzel* wieder zu Ehren käme. Vielleicht kann man sie etwas niedriger machen, etwas mehr in die Nähe des Zelebrationsaltares rücken, oder sonst irgendwie zugänglicher und kommunikabler machen. Die leere Kanzel stellt jedenfalls immer eine Konkurrenz zu Lesung oder Predigt am Pult dar und verursacht Unbehagen.
Ist die Kanzel gut zugänglich, dann soll selbstverständlich dort auch die Lesung vorgetragen werden. (Beim feierlichen Gottesdienst stellt sich der Assistent mit dem Buch nicht vor das leerbleibende Pult, sondern legt es auf das Pult und blättert um.)

Wer das bisherige sinnvoll findet, gestattet mir sicher noch ein paar Anregungen nebenbei:
Blumen gehören auf den Tisch und nicht davor, meist auch nicht daneben. (Vor einen Tisch stellt man nur Blumen, wenn auf dem Tisch eine Leiche liegt.) Oft sieht man der Blumen zu viel, der Ordnung zu wenig.
Teppiche eher zu dezent als zu knallig; einfarbige Teppiche bilden oft ein mißweisendes optisches Zentrum.
Optische Störungen aller Art soll man beseitigen: *Utensilien* wie zusätzliche und unbenützte Bänke und Hocker, verschiedenartige Sitzgelegenheiten, Kniebänke und Löschhörner gehören aus dem Sichtbereich. Mikrophone niedrig anbringen, oder sonst lieber an einem Kabel von der Decke herunterhängen lassen. Es gibt genug Mikrophone, die einen Meter oder mehr vom Mund des Sprechers entfernt stehen können, ohne weniger gut zu übertragen. Man muß also keine langen Stative auf den Altar oder neben den Ambo stellen.
Optisch beste Lösung: Mikroport.
Meist stört auch die ganzjährig aufgestellte *Osterkerze*. Hat man keine besondere Taufkapelle, so räume man die Osterkerze besser weg.
Die Liturgen soll man nicht verstecken, auch nicht hinter Blumen. Ich entdeckte einmal einen Prediger, der sich neben den Ambo stellen mußte, damit er hinter den Blumen wenigstens noch ein bißchen zu sehen war.

Licht: Die Mitwirkenden müssen auch immer gut beleuchtet sein. Eine unsichtbar lesende »Geisterstimme« wirkt nicht sehr überzeugend. Manchmal muß wegen des Wetters oder aus liturgischen Gründen (Osternacht) die Beleuchtung verändert werden. Das geschehe möglichst stufenlos mit Hilfe von Dimmern.

4. Die Plätze der Ministranten

In den ältesten Kirchen umgibt das Halbrund der Apsis eine durchgehende Bank für Bischof, Priester und andere Assistenten. In Torcello erblicken wir statt der Bankreihe sogar ein halbes Amphitheater. Der Platz des Zelebrans befindet sich in der Mitte und wird entsprechend oder gar übermäßig hervorgehoben. Ein solches Halbrund eignet sich bestens für Konzelebranten, Ministranten, Vorleser usw. Das Halbrund konzentriert den Blick. Diese Anordnung ist auch in vielen Kirchen nach der Reform wieder der Brauch geworden. Meist aber löst sich die sinnvolle Ordnung wieder auf, sobald der eucharistische Tisch bereitet wird. Oft gehen dann die Ministranten dahin, wo sie vor der liturgischen Reform, bei der Zelebration mit dem Rücken zur Gemeinde, zu finden waren: Sie knien zwischen Gemeinde und Altar. Das Presbyterium wird so wieder zu einer Art Schaubühne, auf der der Priester alleine agiert. Besser wirken die Ministranten als *circumstantes,* wie die Texte der Liturgie sie auch nennen. Stehen sie rechts und links vom Altar einander zugewendet, so umgibt die Gemeinde mit Priestern und Ministranten den Altar sinnvoll von allen vier Seiten her. Die Ministranten trennen die Gemeinde nicht mehr vom Altar, sondern sie verbinden Priester und Gemeinde. (Hat jemand Angst, die Ministranten könnten sich in dieser Position unangemessen benehmen, so sollte er wohl besser auf ihre Dienste verzichten, bis sie entsprechend angeleitet und gebildet sind.) Übrigens sind die *Schellen,* mit denen die Ministranten früher die Gemeinde auf den Fortgang der heiligen Handlung aufmerksam machten und die Elevation nach der Wandlung hervorhoben, gänzlich überflüssig geworden. Die landessprachliche Messe ist auch ohne Schelle mitzuverfolgen und mitzufeiern. Die dominierende Elevation war mit Sicherheit ein problematischer Ersatz für die außer Gebrauch gekommene Teilnahme am Tisch des Herrn.

5. Die Plätze der Gemeinde

Mit den Plätzen für die »gewöhnliche« Gemeinde ist in den letzten Jahren viel experimentiert worden. Alte, harte Bänke, wo man gut kniet und schlecht sitzt, gibt es neben gewöhnlichen Stuhlreihen auf Teppichboden. Hier geht es offensichtlich nicht nur um Einrichtungs-, sondern um Konfessionsfragen. Beim Letzten Abendmahl lagen die Teilnehmer zu Tische; schon die Urgemeinde wird teils gesessen, teils gestanden haben. Das Knien kam aus dem Orient als Geste der Unterwerfung ins Abendland. Merkwürdigerweise hat sich in den Ostkirchen das Knien bei der Liturgie nicht durchgesetzt. In der lateinischen Kirche aber wurde es zunächst an Fast- und Stationstagen Brauch. Erst im antireformatorischen Eifer schrieb man dem katholischen Volke vor, seinen Glauben an die Gegenwart Christi in der Eucharistie durch Knien, vor allem von der Wandlung bis zur Kommunion, zu bekunden. (Auch die Kniebeuge ist wohl eine spätmittelalterliche Einführung.)
Heutzutage ist das Knien kein Symbol mehr, sondern gilt nur noch als gymnastische Übung oder Folter. Könige, vor denen man zu knien hätte, gibt es kaum noch; vor seinen Eltern kniet niemand mehr. Dem religiösen Bereich allein vorbehaltene Symbolhandlungen bleiben aber unverständlich. Es wird sich also empfehlen, das Knien aus der offiziellen Liturgie wieder auszuscheiden. Zum privaten Gebrauch (z. B. nach dem hl. Mahle) möchte ich aber die Gelegenheit zum Knien gern erhalten wissen. Kniet die Gemeinde beim Gedächtnis des Letzten Abendmahles und danach, so wird das antike und zu Recht in der neuen Liturgie bestätigte Danken für den Vorzug »vor dir zu stehen und dir zu dienen« zum Anachronismus.
Am schönsten finde ich es, wenn die Bänke oder Stühle für die Gemeinde den Altar usw. zu drei Vierteln umgeben, also an drei Seiten oder in der Runde. Dann fühlt man sich doch weniger in einer Marschkolonne als in der Nähe des Tisches vom Letzten Abendmahl.

Das Gesagte beziehe man nur auf den Gottesdienstraum für die Großgemeinde. In der Werktagskapelle für zehn oder zwanzig Personen die gleiche Anordnung zu treffen, wird immer etwas grotesk wirken. Die kleine Werktags- oder Hausgemeinde sollte um einen Tisch sitzen, wie sonst bei einem festlichen Mahle. Zur passenden Gelegenheit kann man freilich aufstehen, wie man auch sonst zum Tischgebet, zu einem Trinkspruch oder zu einer Begrüßung vom Tisch aufsteht.
Solche Anordnung sieht das Direktorium für die Meßfeier kleiner Gruppen bereits vor.* Der Priester sitzt dann natürlich im Kreise der anderen.
Bei entsprechenden Versuchen hat sich auch bewährt, den Wortgottesdienst noch nicht am Tische der Eucharistie zu feiern, sondern – wo sich's räumlich gut machen läßt – in einem anderen Kreise, vielleicht auch in den alten Kirchenbänken. Beim Offertorium begibt sich dann die Gemeinde zu ihren Plätzen am Altar oder am Tisch. In vielen Fällen kann man wenigstens den Kindern diesen Vorzug einräumen: Vor der Präfation lasse man sie den Altar umstellen, soweit sie nicht der übrigen Gemeinde den Blick nehmen.

6. Beispiele

Mit der Kamera unterwegs haben *Joachim Wagner* und ich allerhand Kirchen besucht und vor allem dort Aufnahmen gemacht, wo sich an der optischen Erscheinung etwas verdeutlichen und erklären läßt. Wo diese Kirchen stehen, wem positive oder negative Aspekte zu verdanken sind, das spielt eigentlich in unserem Zusammenhang keine Rolle. Es geht nur um die Möglichkeit, das bisher Gesagte anhand von Beispielen zu konkretisieren. Die mehr oder minder zufällig betroffenen Gemeinden mögen mir meine kritischen Worte verzeihen.

* Instruktion der Kongregation für den Gottesdienst vom 15. Mai 1969; Richtlinien für Meßfeiern kleiner Gemeinschaften (Gruppenmessen) der Deutschen Bischofskonferenz vom 24. 9. 1970. Siehe Amtsblätter der deutschen Bistümer (Amtsblatt für das Erzbistum München und Freising, 1970, Nr. 12, Seite 392–401).

Dieses Ensemble wird kaum jemand schön und durchdacht finden. Etwa unter dem Chorbogen steht ein Kasten als Zelebrationsaltar, während die Bankreihen weiter nach vorn laufen in Richtung auf den alten Hochaltar. Der simple Holzkasten läßt die reformierte Liturgie als »Greuel an heiliger Stätte« erscheinen. Schellen, Vase, Leuchter und Votivkerze am Boden vor dem Altar gehören einfach weg. Über die modische Asymmetrie auf dem Altar selbst wurde schon gesprochen. Der dürre Ambo steht sinnigerweise unter der ansehnlichen Kanzel, die, etwas niederer gesetzt, noch besser wirken und zu jedermanns Zufriedenheit ihren Dienst leisten würde. Noch in der letzten Bank wären dann Vorleser und Prediger gut zu sehen und wahrscheinlich auch zu hören. Zu allem ist zwischen Kanzel und Seitenaltar noch ein Gasheizstrahler gezwängt. (Im Bilde nicht sichtbar.) Braucht man solche Heizstrahler, dann sollen sie von hinten nach vorn strahlen und der Gemeinde unsichtbar bleiben; oder man läßt sie wie eine Leuchte von der Decke herunterhängen. Dann verteilt sich auch die Wärme besser.

Der schlechte Gesamteindruck ist damit nicht ganz zu entschuldigen, daß es sich hier möglicherweise um ein Provisorium handelt. Das Konzil schloß vor 15 Jahren. Außerdem haben die Unschönheiten und Ungereimtheiten dieser Szenerie hohen Repräsentationswert. Auch in aufwendig umgebauten Presbyterien schaut es manchmal nicht viel besser aus. Daß auch diese Kirche einmal ganz hübsch war, zeigt das dritte Foto. Es gibt den heutigen Anblick des alten Hochaltars wieder. Wenn Menschen, die jeden Sonntag (oder gar jeden Tag) den Anblick eines liturgischen Chaos ertragen müssen, schließlich in Opposition treten und viele hundert Kilometer reisen, um einmal wieder eine Messe im alten Stil zu erleben, so wundert mich das nicht.
Ein Vorschlag: Der Zelebrationsaltar wird in Farbe und Form der Kanzel nachgestaltet; diese niederer gemacht und wieder benützt. Die Bänke im Presbyterium werden durch Stühle ersetzt, die sich

im Halbkreis (von Osten her) um den Zelebrationsaltar ordnen. In ihrer Mitte kommt, um eine Stufe erhöht, der Priestersitz zu stehen. Neben ihm sitzen in der 1. Reihe die Ministranten.

Beispiel 2: Der verdorbene Barock

In diesen hocheleganten Barockraum hat man einen kühn geschwungenen Steinaltar gesetzt, dessen runde, einem Tisch völlig unähnliche Formen auf dem Foto durch ein fastenzeitliches Antipendium gnädig verhüllt werden. Der pompöse Ambo links läßt den dahinterstehenden Leser oder Prediger kaum noch zur Geltung kommen. Beide Stücke würden sich, feingliedriger gestaltet, geschmackvoller einfügen.

Unerfreulich wird die Szenerie erst recht durch das unsymmetrische Kerzen- und Blumenarrangement. Hoffentlich verfügt diese Kirche über einen extrem temperamentvollen Prediger, der sich hinter dem »Superambo« noch bemerkbar machen kann. Die eisbergähnlichen Formen der Orgel rechts und links am Bildrand sind auf diesem Foto kaum zu sehen. Fast unsichtbar bleibt allerdings auch die Kredenz links hinter dem Ambo. Der textillose Eisentisch ist recht schön geschmiedet, wirkt aber in diesem Ensemble fremd. Der Priestersitz ist rechts versteckt, soll wohl inmitten dieser eher aufdringlichen Formenwelt Bescheidenheit ausdrücken. Die Kommunikation mit der Gemeinde wird dieses Priesterversteck jedenfalls nicht fördern. Als wohltuend empfinde ich, daß die Polster für die knienden Ministranten einmal nicht rot, sondern farblich angepaßt sind. Ich würde die Ministranten allerdings den Altar umstehen lassen und sie nicht so weit weg niederknien lassen. Eine Bim-Bam-Glocke für die Elevation von Hostie und Kelch steht links bereit; seit Einführung der Landessprache m. E. ein überflüssiges Utensil.

Positiver Vorschlag: Volksaltäre hat es in den großen Barockkirchen selbst in der Barockzeit gegeben. Kurz hinter dem Chorbogen darf also auch hier und heute ein Zelebrationsaltar stehen. Dieser muß sich aber unbedingt harmonisch in den Barockraum einfügen. Barock aber bedeutet nicht regellose Fülle, sondern spielerisch fortentwickelte Klassik. Der Altartisch muß daher unbedingt rechteckig sein. Kerzen, Kreuz und Blumen sind symmetrisch anzuordnen. Unsymmetrische Phantasiealtäre kennt der Barock an dieser Stelle nicht. Die Kanzel kann niederer gemacht und näher herangerückt werden. Der »großbusige« Ambo muß wieder entfernt werden. (Beim ersten Schulgottesdienst wurde das Stück von Schulbuben mit zwei Kaugummis an den kritischen Stellen geschmückt!)

Beispiel 3: grob und klotzig

Diese hochsensible gotische Kirche ist mit allzu groben Stücken modernisiert worden. Der ungetüme Tabernakel links erinnert an ein Panzerfahrzeug. Der grobe Altar harrt eines Tieropfers (oder fällt er, einseitig belastet, vielleicht doch von seinem schmalen Sockel?). Warum der geharnischte Ambo von einem Reichsadler verziert wird, ist unerfindlich.

Eine Taube kann der protzige Raubvogel wohl nicht sein. Wie eine Taube aussieht, sieht man ja über dem Altar. Dort schmückt eine Taube (ikonographisch ungewöhnlich) den Fuß eines großen Kreuzes. Gegenüber den groben Einrichtungsgegenständen am Boden des Presbyteriums wirkt das Kreuz mit den beiden (alttestamentlichen?) Assistenzfiguren zu beschwingt und elegant. Andererseits spürt man aber von den vorderen Bankreihen aus auch das gewaltige Gewicht der frei aufgehängten Gruppe und bekommt ein bißchen Angst: Wird auch sicher nichts herunterfallen, solange ich in der Kirche bin? Von der vorderen Hälfte der Kirche her geht übrigens der Blick eher unter dem hoch aufgehängten Kreuz hindurch auf die kahle Wand. Einen Konzentrationspunkt suchend trifft der Blick wieder auf Altar, Ambo und Tabernakel und wird jedesmal mit Härte konfrontiert. Ein religionspsychologisches Fazit könnte etwa lauten: »Bei dem milden Jesus wären wir ja gut aufgehoben. Wie sanftmütig ließ er sich kreuzigen. Wie gut passen die beiden vornehmen Herren (aus dem Alten Testament?) da oben zu ihm. Wie grob ist aber unsere Kirche geworden: grauer kalter Stein, hart und klotzig. Wie hart ist das Wort, das uns gepredigt wird! Auch vor dem Tabernakel finden wir keinen Trost. Jesus ist dort zu gut gepanzert.« Diese Auslegung ist nicht als Bosheit gemeint. Ich versuche nur, den optischen »Text« ernsthaft zu verbalisieren. Nebenbei: Durch den Palmsonntag bedingt, hat man drei Kreuze vor sich, wie auf Golgotha. Nach den liturgischen Vorschriften sollten die entfernbaren Kreuze entfernt, die nicht entfernbaren verhüllt werden. Das große Kreuz zu verhüllen, machte sicher Mühe, würde aber ein starkes Zeichen ergeben. Das verhüllte Kreuzchen auf dem Altar ist ohnehin überflüssig. Das palmengeschmückte Kreuz an der Seite bildet eine kaum erträgliche Doublette. Da man zur Palmprozession das große Kreuz nicht verwenden kann, sollte man für die Prozession ein tragbares Gemmenkreuz, ohne Corpus, besorgen. Störend wirkt die ferngesteuerte Liednummeranzeige. Warum nicht eine hölzerne Tafel, die man aufstellen oder an die Wand hängen kann, wenn man sie braucht?
Und wenn es schon teuer und elektrisch sein muß: auch ein elektrischer Nummernanzeiger kann ein aufstellbares Gerät sein.
Vorschlag: Das große Kreuz nahe an die Chorwand, niedriger, auf dem Boden stehend. Das Fenster dahinter stört bei der Betrach-

tung des großen Kruzifixes sowieso. Man könnte es zumauern, verhängen oder als Mandorla um das Kreuz bemalen. Man könnte auch das Gegenlicht in Kauf nehmen und durch Scheinwerfer ausgleichen. Unter das Kreuz, stärker erhöht, den Priestersitz, der jetzt unsichtbar bleibt. Den Altar würde ich einfach mit einem großen Tischtuch bedecken, so daß unten nur noch der Sockel hervorschaut. Der Ambo muß durch etwas Hölzernes, Leichteres, Freundliches ersetzt werden, vielleicht durch die alte Kanzel. Die große Natursteinfläche um den Tabernakel würde ich zumindest weiß anstreichen. Vielleicht kann man, was bleibt, mit der schönen Heilig-Geist-Taube etwas freundlicher gestalten. An die hohen weißen Wände könnte man Gobelins oder Applikationen hängen.

Beispiel 4: gelungene Asymmetrie

Eine neue Kirche zu bauen und auszustatten, ist auch nicht einfacher als eine alte Kirche liturgisch umzufunktionieren. Hier haben Künstler und Theologen sehr sensibel und delikat zusammengearbeitet. Bis auf das übergroße und fast etwas gespenstische Kruzifix ist alles aus Stein und doch nicht grob oder kalt. Höchst erstaunlich erscheint mir die ruhige und souveräne Ruhe trotz der Asymmetrie auf der Altarinsel. Der parabolische Grundriß der

Kirche bedingt eine nahezu dreieckige Form der Altarinsel. Diese strenge Grundstruktur ermöglicht es, auf diesem Dreieck drei Einrichtungsgegenstände relativ frei zu verteilen. Dabei muß natürlich alles bestens überlegt, ausprobiert und so weich gestaltet sein wie etwa hier. Das Tabernakelproblem wurde mit der seitlichen Sakramentskapelle zunächst einmal exzellent gelöst. Der ungeheure Steintabernakel ängstigt mich allerdings. Leider hat man dann noch zwischen der Presbyteriumswand und der Sakramentskapelle eine unerkennbare Steinplastik angebracht, welche eine liegende Madonna darstellen soll. Schade. Wozu baut man denn eine Sakramentskapelle oder Tabernakelnische, wenn man dann die Absonderung mit einem solchen Kantenbrecher wieder aufheben will? Antwort: »Wir wollten beides miteinander verbinden.« Eine liegende Madonna als Verbindung von Presbyterium und Sakramentskapelle? Was soll ein eher marginales Bindeglied zwischen zwei so scharf getrennten Architekturbereichen? Weg damit! Ein Ave Maria wird vor dieser liegenden Madonna ohnehin selten gebetet werden. Das große Kruzifix würde ich trotz aller Freude an der wohlgelungenen Asymmetrie in die Mittelachse stellen. Jesus ist die Mitte unseres Gottesdienstes. Vor wem rückt er eigentlich zur Seite? Auch gefiel mir das provisorische Kruzifix, das lange in dieser Kirche zu sehen war,

besser. Was man immer anschauen soll, muß auch besser zu allen Lebenslagen und zu allen liturgischen Gelegenheiten passen als ein ausgesprochenes Schockbild.
Schließlich hätte man die endlos breite Stufenreihe irgendwie strukturieren sollen. Optisch wirken die drei hellen Steinbänder wie eine Sperre. Wenn ich mir die genannten Störfaktoren wegdenke, kommt die Schönheit der zentralen Dreiergruppe für mich erst recht zur Geltung.

Beispiel 5: halbe Lösung

Hier ist versucht worden, die neue Lösung stilistisch dem Barockraum anzupassen. Der Zelebrationsaltar war vielleicht einmal ein Seitenaltar. Hinter der reich verzierten Mensa schaut eine breitere Platte hervor, die sicher einmal an einer Wand befestigt war. So eine Anpassung ist sicher gut gemeint, stellt aber eine arg unbefriedigende, eine halbe Lösung dar. Sie vermittelt in etwa den Satz: »Ganz das Richtige ist das hier natürlich nicht. Es ist halt ein Zugeständnis an die moderne Liturgie. Schade, daß so etwas sein muß.« Außerdem steht der neue Altar nicht günstig. Die alten Volksaltäre standen in aller Regel unter dem Chorbogen oder gleich dahinter. Dort haben sie einen durch die Architektur hinreichend hervorgehobenen Platz. So zwischendrin steht ein Altar immer wie etwas Nichtseinsollendes. Dieser hier müßte weiter vorgerückt werden. Die kleine Mauer an seiner Ostkante sollte entfernt werden. Ist dies aus denkmalspflegerischen Gründen nicht möglich, dann sollte man besser das ganze Stück vom Schreiner nachbauen und einheitlich gestalten lassen. Eine Kirche darf kein Torso-Museum sein. Die Altarstufen könnte man in der breiten Öffnung zwischen den Kommunionbänken noch ein Stück

vorziehen, vielleicht segmentbogenförmig. Typisch für viele liturgische Arrangements ist hier die Verwendung der Altartücher. Während der alte Hochaltar, der sicher zur Meßfeier nicht benützt wird, und die Seitenaltäre schön eingedeckt sind, bedeckt den Zelebrationsaltar nur ein überknappes, zipfeliges Deckchen, das noch dazu seitlich auf das Mäuerchen hinausreichen muß. Umgekehrt fände ich es richtig: dem Meßaltar ein Tischtuch, den anderen Altären weniger, anderes oder nichts.
Was soll der große Blumenstrauß vor dem Altärchen, das nicht einmal ein Kreuz und Kerzen trägt? (Wo ist hier überhaupt ein Kreuz zu finden?)
Das Chorgestühl ist für ein so prunkvolles Presbyterium zu trivial. Man sollte es wenigstens bemalen.

Beispiel 6: schlicht und klar

Diese gotische Kirche hat vor hundert Jahren drei neugotische Altäre erhalten und im vorletzten Jahr noch den steinernen Zentralaltar. Die neugotischen Seitenaltäre sind bei der Renovation wohltuenderweise entfernt worden; sie waren viel zu groß, unschön und störend. Der alte Hochaltar erstrahlt, gut restauriert, in neuem Glanz und gibt der schlichten Dorfkirche Wärme und

Farbe. Im übrigen ist das Presbyterium nun sehr ruhig gehalten. Es steht nichts Störendes herum; der links noch knapp sichtbare Ambo paßt zum neuen Altar. Dieser ist zwar vorschriftsmäßig und offensichtlich aus Stein gemacht, trägt aber eine richtige Tischplatte und fügt sich auch stilistisch bestens in den gotischen Raum.
Der Priester sitzt hier zwischen den beiden Altären, obwohl der alte Hochaltar den Tabernakel trägt; es scheint sich niemand daran zu stören.
Wenn man genauer, d. h. länger hinsieht, zeigt sich allerdings, daß der Hochaltar recht tief drinsitzt. Er wirkt wie weggeschoben. Besser hätte man wohl das goldene Kreuz auf der mittleren Spitze des Auszugs abgenommen und den Hochaltar ein bis zwei Stufen höher gestellt. Dann säße der Priester nicht vor, sondern unter dem Tabernakel und man hätte seinen Sitz deutlicher sichtbar gestalten können. Das recht schöne neugotische Schnitz- und Bildwerk käme optisch besser zur Geltung und böte außerhalb des Gottesdienstes dem stillen Kirchenbesucher einen kommunikableren Meditationsgegenstand.
Den Zelebrationsaltar würde ich auch hier mit einem anständigen Altar- oder Tischtuch bedecken.

Beispiel 7: gut angepaßt

Die schmucke kleine Wallfahrtskirche von Ising am Chiemsee hat einen schlichten hölzernen Volksaltar erhalten. Als Priestersitz fand sich in der Sakristei ein restaurierbarer flämischer Stuhl aus dem 17. Jahrhundert. Passend zu diesem wurden zwei Ministrantenhocker und eine kleine Kredenz hergestellt, das ganze liturgische Mobiliar mit dem gleichen Barockstoff überzogen. Für die violette und grüne Kirchenfarbe gibt es Überdecken und andere Antipendien. Die marmornen Altarstufen sind durch hölzerne Podien entsprechend verlängert worden. Die liturgische Umgestaltung ist also ohne jeden Eingriff in die innenarchitektonische Substanz vonstatten gegangen. Nur zur Aufstellung des Priestersitzes hat man den südlichen Chorstuhl entfernt. Das neue Ensemble wirkt nicht nur stilecht, sondern ist es auch; glatte viereckige Volksaltäre hat es auch in der Barockzeit gegeben. Als Lesepult dient ein alter Meßbuchständer auf der Kommunionbank, als Altarkreuz ein barockes Reliquienkreuz, wie es früher zum Wettersegen verwendet wurde. Unser erstes Foto zeigt beide Altäre etwa gleich eingedeckt, also als optische Doubletten. Für das zweite Foto – und für immer – ist dann der Hochaltar abgedeckt und der Volksaltar entsprechend reicher eingedeckt worden. Das läßt ihn deutlich als Zentrum erscheinen, schmückt ihn besser. Auf dem Hochaltar liegt jetzt vor dem Tabernakel immer ein *corporale.*

De gustibus non est disputandum. Es wird also in der hier verhandelten Sache auch andere Urteile geben, ohne daß die Unterschiede des Geschmacks irgendwo ausdiskutiert werden könnten. Immerhin bringt unsere Dokumentation und Kommentierung ein nahezu apokryphes Thema wenigstens einmal ins öffentliche Gespräch. Vielleicht werden sich nach uns noch andere zu Worte melden, vielleicht wird mancher Aspekt sich trotz der Geschmacksunterschiede in einem öffentlichen Gespräch einigermaßen intersubjektiv klären lassen. Dann könnten wir nach einer liturgie-architektonischen Zeit der Improvisationen, der Versuche (und Husarenstücke) in eine Phase der Klärung gelangen und so wieder zu einer eleganten, runden Form, wie sie die vorkonziliare Liturgie hatte, deren Probleme auf anderen Gebieten lagen.
Jedenfalls wäre es wichtig zu lernen, wie wir die uns historisch zugewachsenen Probleme im ästhetischen Bereich lösen können, ohne zu jener vom Volke abgewendeten Liturgie zurückzukehren, die einst Innozenz III. aus Verzweiflung über die Verkommenheit der von ihm beherrschten Welt vorgeschrieben hat. »De miseria humanae conditionis« war das Buch überschrieben, in dem er die geistigen Voraussetzungen jenes folgenreichen Erlasses dargestellt hat.

Beispiel 8: in der Kleingruppe

Wöchentliche Messe in einer kirchlichen Gruppe an einem unkonfessionellen Landschulheim. In der gegebenen Situation bewährt sich die Form der »Messe kleiner Gemeinschaften«. Man sitzt rund um den Tisch. Der schwarzgraue Anzug des Zelebranten mit Stola wird von den bischöflichen Richtlinien für extreme Situationen gerade noch genehmigt. In dieser Gruppe nähme sich eine Albe allerdings auch recht exotisch aus. Die Wohnstubenatmosphäre bei der Messe aber lieben diese Schüler außerordentlich. Den festlich eingedeckten Tisch schmücken *corporale*, Kreuz (von einem Indianer geflochten), Kerze, *(pro tempore)* Osterlamm und Eierkörbchen. Außer den Singheften sieht man noch eine Schallplattentasche, da das Gespräch (statt Predigt) den Text einer gemeinsam angehörten Schallplatte einbezieht.

II. Überlegungen zum Vollzug der Liturgie

Machen wir uns zunächst einmal klar, daß auch der Vollzug, der Bewegungsablauf, die Aktionsfolge der Feier in erster Linie als eine Art Text aufgenommen und »gelesen« wird. Gerade der heutige Mensch stürzt sich ja nicht enthusiastisch ins liturgische Tun. Er verhält sich anfangs eher reserviert und schaut und hört einmal, was da auf ihn zukommt. Selbst die Mehrheit derer, die z. B. das Eingangslied mitsingen, wird etwa das im Lied erschallende Gotteslob noch nicht ungeteilt mitvollziehen, sondern sich irgendwo selber zuhören und prüfen, ob das liturgische Angebot akzeptabel ist. Im Laufe einer guten, gewinnenden Liturgie werden Gemeinde – und Zelebrant – über diese distanzierte Haltung dann hoffentlich hinausgelangen. Aber wie überall werden von dem Eintretenden das Gebäude, der Raum, die Mitfeiernden und auch der Vollzug der Liturgie als zunächst Information, als Text aufgenommen, »gelesen«.

Machen wir einmal, wenn wir gerade nicht zur aktiven Teilnahme genötigt sind, den Versuch, einfach zur Kirche zu gehen und zu schauen, zu hören, zu riechen, zu tasten, zu fühlen. Was nehmen meine Sinne wahr? Welche Gefühle antworten? Die gleichen Fragen kann man natürlich auch an andere Gottesdienstbesucher stellen. Wir werden dann jedenfalls feststellen, daß der Vollzug der Liturgie schon vor dem offiziellen Anfang beginnt. Die Atmosphäre am Sonntagmorgen auf der Straße, das Wetter, der Anblick der Kirche, das Geläut der Glocken, der Anblick der anderen Kirchgänger, die Tür usw., das alles ist schon Information, Vortext. Wie schön sind oft alte Kirchentore! Wie abschrekkend kann ein modernes, glattes Metalltor wirken: kalt, Kerker, »Hier laß alle Hoffnung fahren«. Dann der Raum, gelüftet oder nicht? Kriegt man die Füße sauber? Hört man die anderen laut hereinklappern oder dämpft ein Teppich o. ä. den Schritt? Musik vor Beginn hilft zu einer guten Atmosphäre. Wie günstig ist die Temperatur? Dann kommen die Stühle, der optische Eindruck des Raumes, des Altares usw., schließlich das Zeichen zum Beginn; alles ist »Text«. Text, der mir gestattet, aufzuatmen, frei zu werden, ja zu sagen, oder aber anödet, reizt, stört. Liturgie hat hunderttausend Teile. Beispielsweise gehört auch der Schriftenstand zur Liturgie. Sieht er vielleicht ungeordnet aus oder gar staubig? Ist er mit Kitsch oder mit sinnvoller Literatur bestückt? Wo befinden sich dann die Plakate? Hängen sie gerade? Sind sie noch aktuell? Werden sie sinnvoll ausgewählt?

1. Einzug und Reverenz

In den alten Basiliken befand sich die Sakristei meist nicht »vorn«, neben dem Presbyterium, sondern »hinten«, am Ende des Seitenschiffs. Diese Anordnung sorgte für einen festlichen, langen Einzug des Altardienstes. Leider werden auch heute die meisten Kirchen so gebaut, daß der Einzug nur zu einem Aufzug auf der Bühne werden kann, zieht der Altardienst nicht an Ostern zum Beispiel *per ecclesiam* ein. Künstliche Verlängerungen des baulich zu kurz geratenen Weges zum Altar wirken gestelzt, wenn der übrige liturgische Vollzug, also meist das Eingangslied, währenddessen nicht schon zügig vorangeht. Den Einzug begleitendes Orgelspiel wirkt eher als akustisches Deckungsfeuer, das den Umweg nicht plausibel machen kann. Festlich stimmt immer der Einzug hinter dem Vortragekreuz ein, das dann auch als eigentliches Zelebrationskreuz vor dem Altar aufgepflanzt werden kann. (Aber bitte nicht keß zur Seite gerückt!) Falls mitgeführt, geht das Rauchfaß vor dem Kreuz. Ihm soll nämlich eine »Duftstraße« gelegt werden, nicht dem Herrn Pfarrer.
In Zwiespalt bringt viele Menschen die Gestensprache der *Reverenz*. In manchen Kirchen kann man sehen, wie Priester und Helfer sich in feierlicher Prozession zum Altar der Meßfeier begeben, diesem dort den Rücken zukehren und in Richtung auf den alten Hochaltar oder in Richtung auf irgendeinen Winkel, in dem der Tabernakel zu vermuten ist, das Knie beugen. Jeder Zuschauer versteht sofort: Der Zelebrationsaltar, die Messe hier ist ja gar nicht das Eigentliche, das Richtige. Gott ist anderswo. Dieser Altar hier sollte eigentlich gar nicht sein. Er wird zum »Greuel an heiliger Stätte«. Oder kursieren solche Urteile etwa nicht unter den Katholiken? Solche Urteile haben sicher noch

andere Gründe; aber die offenbare Bestätigung durch den Priester erhalten sie bei der Reverenz vor Beginn der Messe. Mancherorts schließen sich die Geldsammler und Kommunionhelfer oder die Lektoren dann dem Vorbild des Priesters an und halten das Vorurteil gegen die Eucharistiefeier am sogenannten Volksaltar wach.

Im Meßbuch steht zu lesen, daß Priester und Ministranten beim Gesang des Introitus zum Altar ziehen und diesem dort die gehörige Reverenz erweisen (Verneigung oder Kniebeuge, je nachdem, ob sich ein Tabernakel darauf befindet oder nicht). Von Reverenzen, die einem anderen Gegenstand gelten als dem Altar der Meßfeier, ist nicht die Rede. Anders gesagt: Der Zug zum Altar ist eine Prozession. Prozessionen machen keine Reverenzen. Das galt schon immer. Die Praxis orientiere sich in diesem Punkte an der alten Kathedralliturgie, welche die ursprünglichen Formen am besten bewahrt hat. In der Kathedrale wird und wurde der Tabernakel zu allen Zeiten möglichst außerhalb des Presbyteriums angebracht, damit er die Liturgie des Domkapitels nicht behindere.

Befindet sich der Tabernakel in der Nähe des Zelebrationsaltars, dann ist diese Behinderung allerdings gegeben. Es gibt dann zumindest Gründe, den Tabernakel nicht zu ignorieren. Man wird deshalb in solchen Situationen nach einem Prozessionsweg suchen, der den Problemen ausweicht und die Reverenz vor dem Altar dort machen, wo man dem Tabernakel nicht gerade den Rücken zuwendet. Dann kann man durch die Kniebeuge die Reverenz dem Sanctissimum gegenüber einbeziehen. Muß man sich allerdings aus räumlichen Gründen für eine der beiden Reverenzen entscheiden, dann darf man sich nicht gegen den Altar und für den Tabernakel entscheiden, will man nicht die ganze Eucharistiefeier unglaubwürdig machen. Das heilige Mahl ist »mehr« als die Präsenz des Herrn in den verbliebenen Hostien. Zwei Reverenzen (die eine vielleicht unterwegs) schaffen erst recht den Zwiespalt, den das II. Vaticanum und schon Pius X. aus dem katholischen Gottesdienst entfernen wollten.

2. Eröffnung der Liturgie

Die schwersten Probleme schaffen Textfülle und Textfolge der reformierten Eucharistiefeier. Gefühlsmäßig aufgeladene, teilweise sogar verbitterte Klagen lauten: Es wird viel zu viel geredet, immer wieder dasselbe; man kommt nicht zur Ruhe, man kommt nicht zum Beten. Die Ursachen dieser Beschwerden sind in Hektik und Wortinflation der Liturgie zu suchen. Die Gottesdienste sind vielerorts kürzer und schneller geworden. Viele »Priestergebete«, die früher zu verrichten waren, während die Gemeinde ihre Ruhe hatte, sind weggefallen. Zudem war auch schon früher die Römische Meßliturgie zu vielteilig und zu hektisch. Es wirkte sich aus, daß die römische Messe von der feierlichen, mehrstündigen Papstmesse ihre Gestalt herleitet.

Eine komplizierte Feier dieser Art läßt sich aber nicht auf eine halbe Stunde reduzieren. So lange dies auf Latein geschah, hat die Hektik der Textfolge nur wenige stören können. In der landessprachlichen Liturgie ist das anders. Jeder wird nun mit dem Übermaß der Wörter und Gedanken konfrontiert. Deshalb sei die erste pastoralliturgische Forderung: möglichst wenig Text!

Beispiele: Man beginne die Feier *entweder* mit dem *Kreuzzeichen* und »Der Herr sei mit Euch«, *oder* mit der längeren *Grußform* »Die Gnade Gottes, unseres Vaters...«, aber dann ohne das Kreuzzeichen und »Im Namen des Vaters«, also in jedem Fall ohne Doublette.

Doublette und Wiederholung sind zweierlei: Wer mehrmals den gleichen Text wiederholt, z. B. »Herr, erbarme dich unser!«, der kann mit diesem Ruf möglicherweise in tiefere Schichten des eigenen Selbst eindringen. Wird etwas zweimal mit verschiedenen Wörtern gesagt (Doublette), dann wird auch beim zweiten Mal mehr der Intellekt bemüht; die meditative Vertiefung bleibt meistens aus (es sei denn, die Änderung ist minimal: Herr, erbarme dich! Christus, erbarme dich!). Die doppelte Erwähnung der Dreifaltigkeit zu Beginn der Messe ist jedenfalls überflüssig und lästig. Lieber ein oder zwei Strophen des Eingangsliedes mehr singen. Die Lieder sind bekannt, und wenn sie von der Gemeinde einigermaßen mitgesungen werden, sprechen sie das Herz mehr an als die Worte allein.

Um den *Eröffnungsritus* zu vereinfachen, kann freilich auch das Eingangslied durch ein Orgel- oder Orchestervorspiel ersetzt werden. Jedenfalls sind die Eröffnungsriten überhaupt *zu kompliziert und zu zahlreich:* Orgelvorspiel – Lied – Kreuzzeichen – liturgischer Gruß – Einführung – Bußakt (Aufforderung zur Buße, Stille, Bußgebet, Vergebungswort) – Kyrie – Gloria – Aufforderung zum Gebet – wieder Stille – Gebet des Priesters – Amen. Fünfzehn verschiedene Aktionen in etwa fünf Minuten! Spätestens hier hat der unsparsame Liturge einen großen Teil der Mitfeiernden zum Abschalten gebracht. Aus Gottesfurcht wird der liturgische Widersinn zwar von vielen Christen Sonntag für Sonntag tapfer ertragen, aber anders wäre es besser. Es geht nämlich einfacher! Der Begrüßung folge eine kurze einfühlsame *Einführung:* »Wir kommen nach einer anstrengenden Arbeitswoche vor Gott zusammen und freuen uns, daß wir vor ihm nun Ruhe finden dürfen.« Die Einführung kann bereits einen Grundgedanken des Gottesdienstes nennen, soll aber keine Vorschau auf die Lesungen bringen. Das wäre schon wieder eine Überforderung. Die Einführung geschehe überhaupt *brevissimis verbis.* Sie biete keine Doublette zur Predigt.

Bußakt und *Kyrie* sind geschichtlich zwei verschiedene Dinge. Für den heutigen Christen stellen sie kaum noch verschiedene Funktionen dar. Hat das Eingangslied bereits ein Kyrie oder ein Schuldbekenntnis enthalten, dann soll jetzt nur eine Zeit der Stille für die persönliche Besinnung bleiben und dann sogleich die *Vergebungsbitte* folgen und das *Gloria.* Enthält das Eingangslied solches nicht, dann wird man sich entweder für das Schuldbekenntnis oder das Kyrie (gesungen oder gesprochen, mit oder ohne Zusätze) entscheiden. In meiner Gemeinde wird das Kyrie *gesungen,* wenn kein Gloria folgt oder ein hoher Feiertag zu begehen ist, sonst gesprochen oder durch das Schuldbekenntnis abgelöst. Manche Lieder enden mit einer Strophe, die textlich dem Gloria sehr ähnelt. Dann dient es der subjektiven Vereinfachung, wenn *als Gloria* diese Liedstrophe gesungen wird. Von dem Lied »Nun jauchzt dem Herrn alle Welt«, Eingangslied der zweiten Meßreihe im Gotteslob, kann man beispielsweise zu Beginn vier Strophen singen, die siebente als Gloria. Wird ein eigenes Gloria-Lied gesungen, dann kann an die Stelle des Eingangsliedes auch ein längeres Orgelspiel, ein Lied vom Chor

oder Instrumentalmusik treten; bei Jugendgottesdiensten auch einmal eine Schallplatte.
Wird der Aufforderung zum *Tagesgebet* »Lasset uns beten!« eine ganz kurze Intentionsangabe beigefügt, so finde ich das hilfreich. Der Sinn der folgenden Stille wird deutlicher, der Charakter der Oration als Zusammenfassung (sc. dessen, was die einzelnen in der Stille gebetet haben) kommt zur Wirkung.
Hat man auf diese Weise die Zahl der Eingangsriten von 15 auf 10 oder 12 herabgesetzt, so ist sicher für die innere Vorbereitung der Gemeinde zu Wortgottesdienst und Eucharistiefeier mehr geschehen, besonders wenn man sich dazu, trotz der Kürzung des Programms, ein bißchen Zeit gelassen hat.
Oft wird sich empfehlen, noch stärker zu kürzen; auch einmal nur Lied, Oration, dann ein Grußwort und Einführung zur Lesung. Oder: Orgel- oder Orchestervorspiel, Begrüßung mit Aufforderung zum Gloria. Oder: Kyrielitanei zum Einzug gesungen, abschließend mit der Oration. Oder: nach einem getragenen Vorspiel eine Bußfeier mit viel Stille, Vergebungsbitte, Einführung in den Leseteil.
Eine modernere *Alternative:* zunächst ein Magazin zur Problembeschreibung. Angenommen, bei den Lesungen geht es um die guten und die schlechten Plätze wie am 22. Sonntag C. Eine gute Einführung bieten dann Texte über die aktuelle Problemlage, also über Stellenjagd und Eitelkeit, über Beispiele von Demut und amtliche Versicherungen bezüglich der Gleichheit aller. (Solche Texte findet man z. B. in dem vom Verfasser herausgegebenen Materialdienst »Die Botschaft heute«, Verlag Bergmoser und Höller, Aachen.) Dazu vielleicht Stellungnahmen aus der eigenen Gemeinde, aus einer Schulklasse. Die Magazinform verhindert, daß aus der Information ein intellektuelles Trommelfeuer wird. Magazinform meint den kurzzeitigen Wechsel zwischen verbaler Information und Musik, wie wir ihn vom Funk her kennen. Als Zwischenmusik eignet sich dabei der Volksgesang in keinem Fall. Er verlangt ständige Reaktivierung der Gemeinde, ist zu schwerfällig. Eine Schola könnte einen signifikanten Satz auf eine einfache Melodie wiederholen (»Wie lange noch, Herr?«). Zwischenspiel der Orgel dürfte betulich wirken. Ein paar Takte von einer Band, von einem Recorder, vielleicht sogar ein dezentes Schlagzeugsolo. Vielleicht sogar einmal ein Sprechchor. Ein

solcher Einleitungsritus braucht freilich etwas mehr Zeit. Aber dafür kann sich dann die Predigt entsprechend kürzer fassen. Der Problemhorizont muß ja nicht mehr aufgezeigt werden, die Hörerschaft zum Thema nicht mehr motiviert werden. Die entsprechenden biblischen Lesungen schließen sich harmonisch an. Diese Form spricht vor allem junge Leute und weniger kirchliche Menschen an.

3. Wortgottesdienst

Der sogenannte Wortgottesdienst hat durch die Liturgiereform ungleich größere Bedeutung erhalten gegenüber der früheren Liturgie. Das II. Vatikanische Konzil hat »die Schätze der Heiligen Schrift weiter geöffnet«, die Bibellesung abwechslungsreicher gestaltet und damit freilich zugleich die Probleme der Bibel den Gemeinden nähergebracht, die Gemeinden also auch vor neue Schwierigkeiten geführt.

Diese Schwierigkeiten werden vor allem dann sich unerfreulich auswirken, wenn der Wortgottesdienst als eine inhomogene Sammlung verschiedener Texte angelegt wird; insbesondere wenn dies auch noch in Eile geschieht.

Etwa so: *erste* Lesung aus dem AT mit *Einführung*. Dann wird ein Stück aus einem Psalm vorgetragen, also eine Art *zweiter* Lesung geboten. *Viertens* folgt dann die Einführung zur Epistel und *fünftens* diese selbst; *sechstens* wieder eine Psalmen-Rezitation und ein weiterer Psalm-Vers zum Alleluja. *Siebtens* wird das Evangelium vorgetragen und *achtens* ausgelegt.

Daß ein solches Informationsangebot leicht auf ein Dutzend verschiedener Themen kommen kann, liegt auf der Hand. Der Zuhörer wird am Anfang noch versuchen, das inhomogene Konglomerat in sich aufzunehmen, den Versuch aber schließlich aufgeben müssen.

Die informative Unterforderung der stillen lateinischen Messe ist von der informativen Überforderung durch die sogenannte moderne Liturgie abgelöst worden. Zuhörergerecht wäre selbstredend ein Mittelmaß. Die heutigen Gottesdienstbesucher sind in ihren Hörgewohnheiten zudem weitgehend vom Rundfunk geprägt, der längere Informationsblöcke in Magazinform anbietet, also informative Sprachgebilde mit entsprechender Musik abwechseln läßt. Der Hörer bekommt dabei wohldosierte Information und zwischendurch immer wieder Zeit zur geistigen Verarbeitung und Entspannung. Eine ähnliche Struktur sieht an sich auch die Liturgie des Wortes vor: Auf die einzelnen Lesungen sollen Gesänge folgen. Werden diese Gesänge aber durch Text-Rezitation ersetzt, so wird das Gegenteil erreicht: drei Lesungen mehr.

Ein kurzes Wort zu den *Einführungen in die Lesung!* Ein schlechter Erzähler nimmt die Pointe vorweg. Ähnlich verfahren sehr viele Vorlagen zur Einführung in die liturgische Bibellesung. Sinnvollerweise soll die Einführung nicht die Hauptaussage des Textes vorausnehmen, sondern die Zuhörer in eine Frage- und Erwartungshaltung bringen, so daß sie mit Spannung auf den folgenden Text warten.

Der Vorspruch kann zudem den theologischen und geschichtlichen Kontext der Lesung erläutern durch Angaben über die gesellschaftliche und religiöse Situation, in der der Text entstanden ist, in der die Menschen standen, an die der Text gerichtet war. Der Vorspruch kann ferner eine aktuelle Fragestellung zur Sprache bringen, zu deren Beantwortung der Text der Lesung etwas beitragen kann. Nur das motiviert letztlich zum Hören in der Haltung des existenziellen Fragens.

Am besten beginnt man also, um eine Einführung vorzubereiten, mit der Frage: In welchem Zustand soll sich die Gemeinde befinden, wenn die Bibellesung beginnt? Welche Gefühle sollen vorherrschen? Was müssen die Hörer von dem Text wissen, um ihn verstehen zu können? Welche Erwartungen sollen die Hörer hegen? Daraus ergibt sich eine Art Programm für die Einführung: Einstimmung – Vorinformation – Motivation. Nicht immer wird man dieses Programm vollständig absolvieren müssen. Aber über jeden dieser Punkte soll man sich vorher Rechenschaft geben. Nur Motivierte braucht man nicht zu motivieren.

Oft hört man bei solchen Einführungen – oder in der Predigt – Sprüche wie »die heutige Lesung« und »das heutige Evangelium«. Ich vermute hinter dieser Formulierung immer die Vortäuschung von Aktualität. Es gibt kein heutiges Evangelium; das Evangelium ist uralt. Heutig wird es dadurch, daß der Einführende, der Prediger, der Hörer eine Bedeutsamkeit für das heutige Leben erfaßt bzw. zeigen kann. Das aber ist mit so einer Formel nicht zu leisten. In eine Lesung einzuführen, ist eine echte schöpferische Leistung. Gut, daß es Hilfen dafür gibt. Ich wünschte uns, es gäbe noch bessere, funktionalere.

Noch ein paar Beispiele: Nicht »Der hl. Paulus sagt uns heute, daß . . .«, sondern »Die Lesung aus dem Brief des hl. Paulus nach Rom gibt uns heute Antwort auf die Frage . . .« (In dieser Weise läßt sich auch das Wort »heute« vertreten.) Nicht: »Wir hören heute die Botschaft . . .« Erstens kann man Botschaft nur nennen, was neu ist. Man darf aber wohl davon ausgehen, daß der Hauptinhalt der biblischen Lektionen (ihre »Botschaft«) den Teilnehmern am Gottesdienst bekannt ist. Also besser: »Wir lesen heute den Bericht des . . . über . . . – Johannes bringt uns heute in Erinnerung . . . – Mit folgenden Worten verkündete Paulus seiner Gemeinde die Botschaft von . . .« Zweitens sollte der Vorleser – wenn dieser die Einführung gibt, was durchaus nicht sein muß – nicht sagen: »Wir hören«. Er hört ja nicht, er liest. Besser also: »Wir lesen« oder »Hört«.

Motivierend wirkt, um das nochmals aufzugreifen, letzten Endes nur das *tua res agitur*. Also fange man möglichst mit dem Hörer an: »Wir vergessen oft . . . Paulus erinnert uns an . . . – Wir fragen uns manchmal, warum . . . Jesus gibt uns auf diese Frage eine recht seltsame Antwort – Gestern stand in der Zeitung . . . Diese Nachricht beschäftigt uns alle. Eine ähnliche Situation hat einmal die Gemeinde von Saloniki erlebt«.

Trotz der wichtigen (drei) Aufgaben, welche die Einführung in die Bibellesung zu erfüllen hat, muß eine solche Einführung vor allem kurz sein, nicht eine (wievielte?) Predigt oder eine zusätzliche Lesung. Die Kunst, mit wenig Worten das nötige zu sagen, kann und muß man üben: Die Einführung einmal schriftlich vorbereiten und dann kürzen, kürzen (gute Übung für Theologiestudenten). Publizierte Einführungen vergleichen, optimieren, kürzen. Wie schön ist das, wie sehr hilft es der Gemeinde, wenn eine solche Einführung einmal richtig »stimmt«, einfühlsam ist, frisch, kurz, informativ, Appetit anregend. Die Gemeinde hört dann ganz anders zu.

Weil niemand dreierlei im Kopf haben kann, soll vor dem Evangelium in der Regel *nur eine, inhaltlich passende Lesung*

vorgetragen werden. Die liturgierechtliche Möglichkeit ist dazu im deutschen Sprachraum erfreulicherweise gegeben. Überall außerhalb dieses Sprachraums ist leider eine sinnvoll beschränkte Bibellesung nur *praeter legem* möglich.
Hilfreich und nützlich kann es dagegen sein, auch ein Stück nichtbiblische, moderne Literatur vorzulesen, vielleicht im Rahmen der Predigt. *Moderne Texte* werden angesichts der schwierigen fremden Bibeltexte geradezu als Entlastung empfunden, sind sie nicht zu lang, zu zahlreich oder zu schwierig. Moderne Texte haben an dieser Stelle andere Bedeutung als bei der Einführung in die Meßfeier, wo sie schon einmal vorgeschlagen worden sind. Dienten sie dort als Problemanzeige, so können sie nach den biblischen Lesungen oder als Einschübe in die Predigt auch den biblischen Gedanken bestätigen, weiterführen, ins Praktische wenden.
Zwischengesang: Auch die schöne liturgische Vorstellung, die Gemeinde solle auf die Lesungen mit ihrem *Gesang* antworten, hat ihre Probleme: Am Ende der Lesung (oder schon während dieser) ist der nächste Gesang im Gesangbuch aufzuschlagen; dann muß man singen; Zeit zur Verarbeitung der Lesung und zur Entspannung bleibt also nicht. Die notwendige Verarbeitung wird vielmehr durch den Gesang verhindert. Sinnvoll erscheint das Gemeindelied nach der Lesung (oder der Kehrvers) nur in zwei Fällen:

a) Auf die Lesung folgt *zunächst Stille.* Erst später wird dann gesungen bzw. zum Gesang aufgefordert.
Diese Struktur weist in etwa der Papstgottesdienst auf, welcher der Lesung in Latein zunächst die Lesung auf Griechisch folgen läßt.

b) Bei leicht verständlichen Lesungen (z. B. an den Festtagen mit jährlich wiederkehrenden gleichen Texten) kann es sinnvoll sein, die Gemeinde gleich mit einem *Kehrvers* antworten zu lassen, der der Lesung selbst entnommen ist, oder mit dem informativ nicht belastenden *Alleluja.* Dazu singt der Kantor (wenn er solches wirklich schön vortragen kann) die vorgesehenen Verse. Immer eignet sich wohl auch ein Lied vom Chor, ein Orgel- oder Orchesterstück. Dann kann sich der Hörer der Lesung mit dem Gehörten noch entsprechend beschäftigen. Keinesfalls soll man, wie vielerorts üblich, nach der Lesung die Gemeinde ein Lied singen lassen. Das verhindert mit Sicherheit das Bedenken der gehörten Lesung. Ebenso schädlich ist die Antwort »Dank sei Gott«. Ein unseliger Einfall der Liturgiker, der auf ein recht äußerliches Verständnis von *participatio actuosa* schließen läßt!

c) Sind weder Kantor noch Chor oder Instrumente verfügbar, dann kann wohl auch einmal der Sprechchor die Musiker ersetzen. Der Priester oder der Vorbeter (so man hat) spricht einen *Meditationsvers* vor, der jedoch so einfach sein muß, daß man zum Wiederholen kein Buch aufzuschlagen braucht. Am besten wählt man wohl ein paar Worte aus der gehörten Lesung. Der Vorbeter kann dann dazu Psalmverse oder andere Teile der gehörten Lesung vortragen.
Auch eine solche Meditation ist Antwort auf den gehörten Text. Es lassen sich freilich auch Texte finden und miteinander sprechen, die sich zum Gehörten wie eine Antwort im Sinne von Weiterführung, Realisierung, Konkretisierung verhalten. Die offiziell vorgesehenen Antwortgesänge aber sind in vielen Fällen dem gelesenen Text noch zu fern. Sie muten der Gemeinde neue Gedanken zu, behindern also das Bedenken der gehörten Lesung.

d) Sinnvoll und legitim ist es sicher auch, nach der Lesung einfach *Stille* zu halten. Niemals aber soll nach der Lesung nun ein Psalm vorgelesen werden. Das gibt, wie gesagt, nur eine Lesung mehr und bringt das gemeinsame Bibellesen auf den Weg der Inflation und um seinen Sinn.
Über die Texte der *Evangeliumsperikopen* wird im fünften Teil des Buches zu reden sein. Hier ist die Art des Vortrags zu bedenken. Wird der ganze Gottesdienst weniger feierlich gestaltet, einfacher, kühl, modern, dann kann man vielleicht auch einmal auf das Aufstehen zum Evangelium verzichten. Im allgemeinen und vor allem an Festtagen sollte man die überkommene festliche Form nicht aufgeben: das Herbeibringen des Buches, das vorbereitende Gebet (mit dem ich persönlich nicht nur um den Beistand Gottes für die Lesung, sondern auch für die Predigt bitte), den Segen (der vom Priester zu erbitten ist, wenn dieser nicht selbst das Evangelium vorträgt), das begleitende Alleluja (dessen Text nicht belastet) oder auch einmal andere Musik, die Prozession mit Ministranten, Leuchtern (und Weihrauch), wie es im Missale

steht. Dazu ist dann freilich ein schönerer Lektionston zu wünschen als der übliche, der das Verständnis des Sinnes nicht gerade fördert. Das einfache Lesen hingegen empfinde ich nicht als unpassend, selbst nach der feierlichsten Vorbereitung.

Die *Predigt* stellt in gewisser Weise den unliturgischen Teil der Liturgie dar. Sie ist nicht formuliert vorgegeben, wird – hoffentlich nicht wiederholt und – bitte, bitte – nicht abgelesen. Sie näher zu erörtern, führt in einen anderen Zusammenhang. Entfällt die Predigt jedoch ersatzlos, so fehlt der Liturgie etwas Wesentliches: das aktuelle, persönliche, subjektive, freie, spontane Element. Liturgie ohne unliturgisches, unritualisiertes Wort wirkt meist in gefährlichem Maße ritualistisch, zwanghaft, unpersönlich. Deshalb sind auch die abgelesenen Predigten (wie sie gerade bei unseren jüngeren Kollegen immer mehr der Brauch werden) geradezu verhaßt. Wenn ich irgendwo zu erkennen gebe, daß ich Homiletiker bin, und erkläre, was das sein soll, dann heißt meistens der nächste Satz: Ach, sagen Sie den jungen Geistlichen doch, sie sollen ihre Predigt nicht ablesen. Gerade der heutige Mensch, der den ganzen Tag mit vorgelesenen oder zumindest technisch vermittelten, also mehr oder minder anonymen Worten berieselt wird, hat ein intensives Verlangen nach einem frei und direkt und persönlich sprechenden Partner, gerade in Glaubensdingen.

Alternativen: Aus dem gleichen Grunde sind auch die Hirtenbriefe extrem unbeliebt. Ihrer werden leider immer mehr. Denn nicht nur die oberhirtlich verordneten und kommentierten Sammlungen haben sich in meiner Amtszeit um die Hälfte vermehrt. Immer öfter machen auch die verschiedenen Bischofskonferenzen von ihrem Privileg Gebrauch, Hirtenbriefe zu verfassen und vorlesen zu lassen. Der verantwortungsbewußte Pfarrer wird sich sehr kritisch überlegen, ob er diese vielen Verlautbarungen vorlesen kann, mag auch die Entlastung von der eigenen Predigt noch so verführerisch sein. Besonders bedenklich erscheint es mir, wenn ein Oberhirte schließlich noch Kürzung oder Nichtverlesen eines Hirtenbriefs mit groben Vorwürfen oder gar mit Unterstellungen beantwortet. Wird das Vorlesen aller Hirtenbriefe allgemein erpreßt, so wird wohl auch noch den Gutwilligsten der Gottesdienst vergraust werden. Für schriftlich vorfixierte Verlautbarungen gibt es den Schriftenstand, das Pfarrblatt, die Kirchenzeitung, die Nachrichtenagenturen, den Buchhandel, die Massenmedien. Wer das letzte Stück Spontaneität in unserem Gottesdienst unterdrückt oder ohne Not durch die abgelesene Predigt ersetzt, muß wissen, was er tut.

Andererseits sind die Predigten auch nicht überall beliebt. Die Seelsorger seufzen, weil die Predigtpflicht sie überfordert; vielen Gläubigen ist das Zuhörenmüssen – ohne eigene Interventionsmöglichkeit – genauso lästig. Man muß daher – neben den entsprechend zu beschränkenden Hirtenbriefen – nach weiteren Alternativen suchen.

Franz Jantsch (Man kann auch anders predigen, Herder-Verlag Wien, 1970) nennt als Alternativen die Laienpredigt, das Predigtgespräch, die Fragestunde, das Gespräch mit den Kindern, die Dialogpredigt, das Gruppengespräch, das Podiumsgespräch, das Forum, die Meditation, den Kommentar zur Messe, das Anspiel, das Happening, die öffentliche Taufe, die Lesung, das Schweigen, Lieder, mechanische Musik, Reportagen und Montagen. Dann die Bild- und Textbetrachtung, das Interview. Dabei ist noch der Bereich der Bildmedien kaum angedeutet. Die Betrachtung eines in der Kirche vorhandenen oder projizierten Bildes stellt schließlich nur eine erste Möglichkeit dar. Diaprojektor (Auf- oder Durchprojektion), Overheadprojektor, Episkop, Film, Videoband und -kassette, Leuchtbox, Punktstrahler, Fastentuch, Kollage, Flanelltuch, Tanz, Pantomime, Poster, Handbildchen und Kopiergerät bieten noch viele weitere Möglichkeiten an.

Wer sich der technischen Medien bedienen will, begibt sich allerdings auf ein diffiziles Gebiet. Er muß sich die besten Medien und Helfer beschaffen und die Vorführung perfekt vorbereiten.

Gute Dienste leistet im allgemeinen eine Durchprojektionswand. Der Projektor kommt hinter der Projektionswand zu stehen (Abstände um 3 m können genügen) und wird daher für den Beschauer nicht sichtbar. Der Projektor leuchtet dem Beschauer direkt entgegen und erbringt daher ein lichtstarkes Bild. Trotzdem kann in einer sehr hellen Kirche das Sonnenlicht zu grell werden. Man muß den Raum zwischen Projektor und Schirm oft abdunkeln. Notfalls beschränkt man sich auf die Wintermonate oder auf Abendgottesdienste. Oft hilft ein Vorhang, außen vor ein Kirchenfenster gehängt. Wichtig ist, daß der Bildschirm rechtwinklig zur Projektionsrichtung steht und daß das projizierte Bild

möglichst genau in den Rahmen der Projektionswand paßt. Stativ und Rahmen für den Bildschirm wird man vielleicht passend zur Kirche schreinern oder schweißen lassen müssen. An die Wand gehängte Durchprojektionsschirme sehen meist übel aus. Die wichtigsten Lichtschalter in der Kirche und die Stromzufuhr zum Projektor soll man stufenlos regelbar machen (Dimmer).
Woher bekommt man die Diapositive? Komplette Serien zu biblischen und religiösen Themen werden in Fülle angeboten. Private Aufnahmen ergänzen den Fundus. Am übersichtlichsten wird dieser Fundus in einem Diaschrank (Bonacker KG, Bremen 77) aufbewahrt. Eine entsprechende Ausrüstung ermöglicht es, Bilder aus Büchern zu reproduzieren. Der praktische Set »Visualmaker« von Kodak ist so einfach zu handhaben, daß nicht einmal Kinder etwas falsch machen können. Wie wäre es mit einer Mediengruppe von 12- bis 14jährigen? Der Set ist allerdings nur außerhalb der Bundesrepublik auf dem Markt. Am besten findet man die »Medienpredigt« bei CIDAL in L'Hotellerie bei Lisieux entwickelt. Dort kann man auch Wochen- oder Wochenendkurse besuchen. Eine gemeindliche Gruppe bereitet dort einen schriftlichen Predigt- oder Meditationstext vor und gibt an, welche Bilder zu welchen Sätzen gewünscht werden. Die Schülergruppe macht dann die Aufnahmen am eigenen Wohnort oder aus Büchern mit dem »Visualmaker« und schickt sie zum Entwickeln. (Man muß also drei Wochen Vorbereitungszeit rechnen.) Zum Evangelium malen Erstklässler eine passende Bilderfolge, die gleichfalls fotografiert wird. Beginnt dann der Gottesdienst, steht bereits das *diapositiv d'accueil* über dem Altar im Blickfeld. Ein anderes folgt zur ersten Lesung, die Bilderserie von Kinderhand zum Evangelium. Dann wird der vorbereitete Text vorgetragen und von 10 bis 20 Dias begleitet. Das letzte Bild ist stets ein Christusbild oder ähnliches und bleibt während der Eucharistiefeier stehen.
Eine so aufwendige Gestaltung wird man nicht, wie bei CIDAL, jeden Sonntag bieten können. Man kann es aber auch viel einfacher machen: Ein Meditationsbild für jeden Sonntag bietet der Materialdienst *Die Botschaft heute* an (Verlag Bergmoser + Hülle, Aachen). Dazu wird langsam und mit Pausen der Betrachtungstext von Pater Dr. *Siegfried Grän* vorgetragen (von Musik untermalt?).
Zwischen diesen Extremen gibt es ungezählte Möglichkeiten. Je

weniger Bilder, je weniger Text, je mehr Stille oder Musik, je stärker die Prävalenz der Bilder, desto meditativer wird die Vorführung. Je mehr Text, je mehr Bilder, je stärker die Prävalenz des Textes, desto rationaler wird *(cum grano salis)* der Vortrag. Aber immer wird der Mensch ganzheitlicher angesprochen als durch das gesprochene Argument allein.

Dies unterscheidet die vorgelesene Bildbetrachtung von der vorgelesenen Predigt und dem Hirtenbrief.

Das wichtigste Moment an diesen Hinweisen bezüglich Alternativen zur Predigt sei aber die Forderung nach Abwechslung. Gerade junge Menschen verlangen energisch nach Gottesdiensten, die mehr Abwechslung bieten. Dazu wird im Kapitel »Weiterführendes« noch allerhand zu sagen sein.

Exkurs über Redundanz und Information: Hier noch eine grundsätzliche Bemerkung: Wiederholung und Abwechslung sind, das eine wie das andere, legitime liturgische Prinzipien. Fachsprachlich ausgedrückt: Redundanz (von *redundare,* überfließen) und Information. Wiederholung, Redundanz ermöglicht, die Gemeinschaft wiederzuerkennen (z. B. am Kreuzzeichen), gemeinsam etwas zu tun (z. B. das Vaterunser zu beten, ein Lied zu singen), Tradition zu wahren (z. B. das Glaubensbekenntnis). Abwechslung, Neues, Information gibt Aktualität (z. B. Predigt, Kontexte), Entwicklung (z. B. ein neues Lied), Lebendigkeit (z. B. Fürbitten). Zuviel Redundanz beschwört die Gefahr der Langeweile herauf, der Weltfremdheit, der Bedeutungslosigkeit. Zuviel Information beschwört die Gefahr der Unerkennbarkeit, des Chaos, der Fremdheit, der Passivität herauf. Redundanz lieben im allgemeinen die Alten (die sich an das Neue nicht mehr so gut anpassen können und es daher fürchten) und zwanghaft strukturierte Menschen (vgl. *F. Riemann,* Grundformen der Angst). Information, Neues lieben im allgemeinen die Jungen (die im Vorhandenen, vor allem im Festgeschriebenen ihre Zukunft verbaut sehen und solches nun fürchten). Ferner lieben die Veränderung hysteroid strukturierte Menschen.

Der bekannte Kirchenkampf um mehr Konservativität oder mehr Progression bezieht also seine gewaltige Dynamik nicht nur aus der kirchengeschichtlichen Situation und aus dem permanenten Generationenkonflikt, sondern auch aus der typischen Verschiedenheit der Menschenseelen, aus ihren Einseitigkeiten, Krankheiten und Ängsten. Es wird daher auch eine ausgewogene und ausgleichende Liturgie und Verkündigung, welche den »Alten« die Veränderung annehmbar und den »Jungen« das Unabänderliche erträglich zu machen sucht, nicht jedermann zufriedenstellen können, vor allem nicht die extrem strukturierten Persönlichkeiten. Der gute Hausvater, der »Altes und Neues aus seiner Truhe hervorholt« (Mt 13,52), wird immer auch die Extremisten beider Richtungen zum Zorne reizen.

Der wirklich kluge Hausvater wird daher nicht nur eine ausgleichende Liturgie zu praktizieren suchen, sondern auch Oasen unausgeglichener Liturgie zu schaffen versuchen, liturgische Subkulturen für Kinder, für Pubertierende (die in der liturgischen Literatur und Praxis meist vergessen werden), für Jugendliche, für Liebhaber des Lateins auf der anderen Seite. Die Welt der Medien ist dabei unschwer der jugendlichen Subkultur zuzuordnen. Das läßt sich nicht als Eingehen auf modische Gags abqualifizieren. Unsere Jugend lebt großenteils in der Welt der Medien. Schule und Beruf werden von ihnen zwar im großen und ganzen ertragen, aber erst, wenn sie ihren Trivialfunk aufdrehen, ihre Kassetten einlegen, vor dem Fernseher sitzen können, fühlen sie sich zu Hause. Die Medien sind ihre Welt, ja mehr: *The medium is the message (Mac Luhan)*. Das gilt natürlich nicht für alle jungen Menschen. Aber diese Andeutungen dürfen wohl einen Trend markieren und dazu ermuntern, Gruppenbildung und Pluralität der Stile zuzulassen. Wenigstens einmal im Monat sollte jeder Christ »seinen« Gottesdienst, den Gottesdienst in seiner Sprache, in erreichbarer Nähe finden. So etwas ist für junge Menschen keine Selbstverständlichkeit. So viel und so gute Literatur es über Kinder- und Jugendgottesdienst gibt, so unzureichend ist vielerorts die Praxis. Die Gottesdienst-Tagebücher, die ich an einem Gymnasium mit weitgespanntem Einzugsbereich von den Firmlingen führen lasse, sprechen da eine erschütternde Sprache.

Nicht nur rhythmische Gesänge, ebenso auch moderne Texte, moderne Medien, weniger ambitionierte Strukturen (»Magazin«), eigene Produktionen (z. B. Schülertexte statt Predigt), ermöglichen einen alternativen, im Inhalt vielleicht sogar christlicheren Gottesdienst für eine kommende Generation, ohne den »Staub Konstantins« (Johannes XXIII.), ohne den Staub von Trient auf den Schuhen und im Munde.

Stille nach der Predigt: Der Predigt – oder der Alternative zu dieser – folge möglichst eine Weile Stille. Der Zelebrant, der mit dem Glaubensbekenntnis sofort nach dem Ende der Predigt beginnt, macht den Eindruck, er nehme beides nicht für ernst. Überhaupt braucht ja jede liturgische Aktion ein bißchen »Luft« um sich herum. Lieber weniger Worte machen, aber immer ein bißchen Luft lassen. Nach der Predigt geht es freilich noch um anderes. Der Hörer soll noch ein bißchen nachdenken und weiterdenken können und vor allem mit seinen Gefühlen – die der Prediger hoffentlich angesprochen hat – noch einige Augenblicke allein sein dürfen. Das zu schnell folgende Credo wirkt meistens wie eine kalte Dusche.
Das Stillehalten nach der Predigt muß nicht trainiert werden. Jede Gemeinde bleibt am Ende der Predigt still, wenn das Amen am Ende unterbleibt. Wird der Brauch neu eingeführt, wird man freilich dazu einen Hinweis geben (»Laßt uns darüber noch ein wenig nachdenken«). Ich setze mich nach der Predigt selber wieder auf meinen Sitzplatz. Nach etwa einer halben Minute stehe ich wieder auf; folgt die Gemeinde nicht bald, dann sage ich vielleicht: »Laßt uns nun unseren Glauben bekennen.« Folgt ein Lied, so genügt natürlich das Vorspiel der Orgel.
Der Wortgottesdienst schließt sonntags mit *Glaubensbekenntnis* und Fürbitten. Das lange Credo von Nizäa ist eher eine Formel zum Unterschreiben als zum Sprechen oder Singen. Ich möchte sie nicht ganz aus der Liturgie verbannen, aber selten gebrauchen. Statt des Apostolicums kann man sonst auch einmal ein zum Bekenntnis oder zur Predigt passendes Lied singen oder ein modernes Glaubensbekenntnis vortragen lassen, selbst wenn dieses nicht alle Glaubensgeheimnisse gleichermaßen zur Sprache bringt; ein Glaubensbekenntnis aus der eigenen Gemeinde, vielleicht von einer Schulklasse oder Arbeitsgruppe, oder ein bereits publiziertes, z. B. aus *Roman Bleisteins* Sammlung, »Kurzformeln des Glaubens« (Echter-Verlag 1971).
Wenige Lesungen, mit hilfreicher Einführung, musikalisch gefüllte Betrachtungspause, kurze Ansprache mit einer stillen Minute zum Schluß, ein lebendiges Glaubensbekenntnis als Antwort, ehrlich formulierte Fürbitten, das ermöglicht Zuhören, Mitdenken, Mitfühlen, Mitvollziehen.
Fürbitten: Der schöne liturgische Brauch des Fürbittgebets ist

durch die Liturgiereform wieder zum Alltagsgut der Eucharistiefeier geworden, damit freilich auch den Abnutzungserscheinungen des täglichen Gebrauchs ausgesetzt. Gegen solche Abnutzung aber hilft die Abwechslung in der Gestaltung der Fürbitten. Fürbitten können vorgesungen oder vorgesprochen werden – vom Priester allein oder von einem Vorbeter vorgetragen oder auf viele Beter verteilt werden. Sie können, wie jeder weiß, mit verschiedenen Antworten oder auch nur mit stillem Gebet verbunden werden. Das Gotteslob sieht sogar einen vierstimmigen Antwortgesang vor unter Nr. 358.

Praktisch, aber fade finde ich das allsonntägliche Wiederholen des »Wir bitten dich, erhöre uns«. Davon abweichende Antworten müssen freilich der Gemeinde vorher bekannt gegeben werden: »Wir wollen beten für ... und dem Vorbeter antworten: Christus erhöre uns«. Die Gemeinde wiederhole sofort. Die Bitte um frei formulierte Fürbitten wird oft mit betretenem Schweigen beantwortet, das von Sekunde zu Sekunde schwerer zu brechen wird. Es empfiehlt sich daher, im entsprechenden Falle vor dem Gottesdienst jemanden zu bitten, daß er den Anfang machen soll. Schließt sich sonst niemand an, dann kann immerhin der Priester fortfahren. In vielen Situationen, besonders bei Kindern und Jugendlichen, kann man auch fragen: Für wen sollen wir beten? Diese Frage wird am leichtesten beantwortet. Etwas schwieriger ist schon die Frage zu beantworten, um was gebetet werden soll. Aber hier kann man ja zur Unterstützung des Gefragten schon Vorschläge machen, Sprachmaterial zur Verfügung stellen, falls es Schwierigkeiten gibt.

Eine kritische Bemerkung sei gestattet zu manchen Vorlagen, die für die Fürbitten angeboten werden.

Jede solche Vorlage hat sich vor der Frage zu rechtfertigen, um was man Gott eigentlich bitten kann. Man kann Gott nicht gut um etwas bitten, was wir selber tun müßten. Man kann ihm auch nicht auf dem Weg der Bitte vorzuschreiben versuchen, auf welche Weise er zu wirken habe.

Gefährlich finde ich daher Fürbitten, welche etwa beginnen:

Laß uns verstehen, daß ... Im Daß-Satz folgt dann eine Einsicht, die der Verfasser selbstredend bereits vorher gewonnen hat. Er möchte nur, daß die Teilnehmer am Gottesdienst sich seiner Meinung anschließen und verkleidet unredlicherweise diesen

Anspruch in die Form einer Bitte an Gott. Wenn wir um Einsicht bitten, bleibt uns wohl nichts anderes übrig, als es Gott anheim zu stellen, welche Wahrheiten er für uns sinnvoll und richtig findet. Ähnliche Kritik ist anzumelden gegenüber Fürbitten, welche die Art und Weise der Hilfe festzulegen suchen: Hilf diesen oder jenen Menschen durch ... Der Beter soll es Gott lieber selbst überlassen, wodurch er helfen will (weitere Regeln für Fürbitten in: *W. Blasig*, Hg., Praktikum für Gottesdiensthelfer, München 1974, S. 75–79).

4. Tischbereitung

Wendet sich der Wortgottesdienst vor allem an den Verstand des Teilnehmers, so spricht das Ursymbol des gemeinsamen Essens und Trinkens vor allem das Gefühl, das Herz, das Gemüt des Menschen an. Intellektualistische Überfrachtung ist also vor allem in diesem Teil der Liturgie zu vermeiden. In diesem Interesse sind gegenüber dem neuen Missale einige kritische Vorbehalte anzumelden. An mehreren Stellen merkt man der erneuerten Meßliturgie an, daß sie nicht das Werk eines großen und weisen Liturgen, sondern das Ergebnis von Kommissionsarbeit darstellt, also vielerlei verschiedene Interessen berücksichtigt und an manchen Stellen sogar die faule Frucht von problematischen Kompromissen erkennen läßt.
Die *Tischbereitung* oder *Gabenbereitung*, eine weniger anspruchsvolle Phase des Gottesdienstes, wird nach den Belastungen der Wortfeier in jedem Falle als eine Phase der Entspannung, der Entlastung empfunden und vollzogen werden. Damit die wohlverdiente Entspannung nicht unmöglich gemacht wird, lasse ich mir bei der Gabenbereitung Zeit. Schließlich kann auch diese Phase durch Aktivismus um ihren Sinn gebracht werden: Es soll vielleicht gesungen werden, es gibt allerhand zu sehen, der Geldbeutel soll gezückt und die Kollekte vollzogen werden. Besser noch als ein Gemeindelied gefällt mir daher an dieser Stelle ein Chorgesang, ein Orgelstück oder eine andere Instrumentalmusik, vielleicht sogar einmal von einer Schallplatte. Die Zuhörer sitzen natürlich. Wichtig erscheint mir, daß die *Kollekte* als

vollwertige liturgische Aktion gestaltet und bis zur Präfation abgeschlossen wird. Für die Nichtkommunikanten bietet schließlich die Kollekte eine der wenigen Möglichkeiten persönlicher Aktivität; ja diese Leute können je nach dem Umfang der beigesteuerten Gabe in der Kollekte sogar zu einem starken persönlichen Engagement gelangen. Bei der Kollekte sollte weder ein routinierter Mesner mit großen Schritten durch die Kirche hasten, noch ein Pensionär langsam und womöglich verspätet durch die Kirche tappen, sondern ein feierlicher liturgischer Dienst geschehen. Zwei oder mehr liturgisch gekleidete Männer oder Ministranten verteilen am besten Körbe und sammeln diese wieder ein.

Da sich die Zahl der Körbe nach der Größe von Gemeinde und Kirche richten kann, besteht keine Gefahr, daß die Sammlung nicht mit einigem guten Willen auch in der gebotenen Kürze bewältigt werden könnte. Ich habe durchaus nichts gegen eine feierlich gestaltete Gabenprozession, auch einmal *per ecclesiam,* durch die ganze Kirche; aber ich möchte gegenüber dem nur symbolisch bedeutsamen Herbeibringen von Brot und Wein die realistischere Geldsammlung nicht liturgisch unterbewertet sehen.

Um vorbereitende Tätigkeiten, Musik, Gesang und psychische Entlastung der Teilnehmer nicht wieder durch Sprechtexte zu überfrachten, soll man bei einem gewöhnlichen Sonntagsgottesdienst auf laut gesprochene Gebete verzichten; auf jeden Fall sollen das (laut Meßbuch leise zu vollziehende) Gebet bei der Mischung von Wasser und Wein, das Gebet »Im Geiste der Demut und der Buße« und der Spruch zur Händewaschung normalerweise nicht zu hören sein.

Ich pflege auch das Gabengebet und die Aufforderung dazu leise zu verrichten, um eine Doublette zu den Fürbitten und die liturgische Überfütterung allgemein zu vermeiden. Nach Lied oder Musik beginnt dann das Hochgebet mit dem Gruß: Der Herr sei mit euch!

Das *Herbeibringen der eucharistischen Gaben* bietet die beste Gelegenheit, Liturgie feierlich – auch spielerisch – und anschaulich zu entfalten. Die »alte Liturgie« verfügte hier über eine etwas vereinfachte, aber ästhetisch perfekte Form. Der Kelch stand schön verpackt auf dem Altar oder auf der Kredenz bereit; auf ihm war auch die Patene mit der Hostie praktisch und ästhetisch einwandfrei untergebracht, zugleich mit dem Kelch auch abgedeckt. Mit *palla, corporale,* Kelchdecke und dem anderen Zubehör entfaltete sich dann bei der Meßfeier ein recht anschauliches Spiel, das allerdings seine klassische Form verlor, als die Kommunion während der Messe wieder eingeführt wurde und zusätzlich zu dem beschriebenen Gedeck auch noch das Ziborium aus dem Tabernakel herbeigeholt oder eine ungeschützte und ungeschmückte Hostienschale beigestellt werden mußte. Es bleibt also gar nichts anderes übrig, als die alte Form durch eine neue zu ersetzen. Unschön ist es, wenn Kelch und Schale schon vor dem Gottesdienst auf dem Altar stehen; auch widerspricht dies den liturgischen Bestimmungen.

Möglichkeit a) Die liturgischen Bestimmungen sehen zwei Phasen der Vorbereitung vor: die erste ohne Mitwirkung des Priesters, die zweite mit ihm. Der Zelebrans soll also zunächst einmal (mit der übrigen Gemeinde) sich setzen. Die Ministranten bringen Meßbuch und *corporale* und auch den Kelch herbei. Dabei können sie eine kleine Prozession gestalten, an der auch die ausziehenden Sammler teilnehmen.
Erst nach diesen Vorbereitungen soll der Priester zum Altar treten. Die Ministranten bringen nun Brotschale, Wein und Wasser.

Möglichkeit b) Die östlichen Liturgien gestalten diesen Vorgang als »Großen Einzug«, als feierliche Prozession. Diesen schönen anschaulichen Brauch können wir zumindest für Feiertage übernehmen. Praktischerweise machen dabei die Sammler den Anfang, denn sie benötigen viel Zeit für ihre Arbeit. Ihnen folgen Ministranten mit Buch, *corporale* und Kelch. Den Kelch könnte wohl auch der mitziehende Priester oder Diakon tragen. Sonst wird der Priester an dem Großen Einzug nicht teilnehmen, sondern auf dem einfachsten Wege zum Altar gehen, wenn der Kelch dort aufgestellt worden ist. Dann nimmt er entgegen, was die weiteren Teilnehmer an der Gabenprozession bringen: Brot, Wein, Wasser und schließlich den Weihrauch und das Lavabo. Daß Brot und Wein auch von anderen Teilnehmern am Gottesdienst gebracht werden können, erwähnt bereits die Allgemeine Einführung ins Meßbuch.

Möglichkeit c) Sollen die Meßdiener nicht selbständig tätig werden, dann ist es wohl verständlicher, wenn alles in der Reihenfolge gebracht wird, in der der Priester es in die Hand nehmen muß: *corporale*, Brot, Kelch, Wein, Wasser.
Manchmal sieht man auf der Kredenz ein rechtes Durcheinander bereitliegen. Häufiger ist zu sehen, daß der Kelch schön eingedeckt in der Mitte steht, das Brot aber unbedeckt an irgendeiner Ecke. Dieser Brauch kann als gefährliche Symbolsprache verstanden werden: Der Kelch, an dem die Laien keinen Anteil erhalten, ist gegenüber dem Brot die wertvollere Gabe. Dinge, die man immer wieder sieht, prägen sich ein und verlangen nach Deutung. Lassen wir also das Brauchtum keine falsche Predigt halten! Kelch und Brotschale sollen entweder beide verpackt oder beide frei dastehen. Daß die große Zeremonienhostie zu den anderen gehört, versteht sich wohl von selbst.

5. Das Hochgebet

Man muß wohl nicht immer das ganze Hochgebet laut vortragen. Man kann einmal diese oder jene Passage verkürzen, vereinfachen oder ausfallen lassen, auch einmal still für sich beten. Mit den Einschüben für die Sonn- und Feiertage muß man vorsichtig umgehen. Es gibt kein Thema, das nicht auch in der Liturgie totgeredet werden könnte. Selbst an Weihnachten kann es lästig werden, die besondere Bedeutung des Festtages nach dem Sanctus noch einmal hervorzuheben, wenn schon die Mette, die Lieder, die Gebete, die Lesungen, die Predigt, die Fürbitten und die Präfation sich ausgiebig damit beschäftigt haben.
Insgesamt weist das Hochgebet in der traditionellen Form eine so *komplizierte Struktur* auf, daß der durchschnittliche Kirchenbesucher die Einheit des Ganzen weder erkennen noch fühlen dürfte: Responsorien, Präfation, Sanctus, Hochgebet des Priesters, eingeschobene Akklamation, Fortsetzung des Priestergebets, (gesungene) Doxologie, Amen, Aufforderung zum Gebet des Herrn, Vaterunser. Überschaubarer, mitvollziehbarer, lebendiger wäre die einfachste Alternative: Responsorien (Der Herr . . . Lasset uns danken), Präfation, die unmittelbar zur Abendmahlsanamnese führt, Weiterführung des Hochgebets ohne die Akklamation

»Deinen Tod«, Einmündung ohne Schlußdoxologie und Amen direkt in das Vaterunser. Zumindest für die Eucharistie mit Kindern und Jugendlichen müßte dies gestattet werden. Das *Sanctus* stellt sicher einen außerordentlich schönen, wenn auch späteren Einschub in das Hochgebet dar. Man sollte es nicht jeden Tag, auch nicht jeden Sonntag, und mit jeder Gemeinde immer singen oder sprechen müssen. Der Gesang des Sanctus ist nämlich nur dann wirklich sinnvoll und schön, wenn dieser Gesang noch als Einschub in das Hochgebet, also als Teil des Ganzen, verstanden und empfunden wird. Auch der durchschnittliche Teilnehmer sollte also das Hochgebet auch ohne Sanctus kennen. Zur Akklamation nach der Abendmahlsgeschichte wird im fünften Teil das Nötige gesagt werden. Zu dem Vorschlag, die Schlußdoxologie zeitweise auszulassen, das folgende: bekanntlich soll die Gemeinde mit ihrem Amen das ganze Hochgebet bekräftigen. So empfindet es, so vollzieht es freilich niemand. Diese wichtige und sinnvolle Funktion der beiden kurzen Silben steht nur auf dem Papier. Gerade infolge seiner Länge und Unübersichtlichkeit ist das Hochgebet auf ein kräftigeres Amen angewiesen. Das haben diejenigen Liturgen richtig erfaßt, welche das Volk auch die Doxologie mitsingen oder das Amen mehrfach und mehrstimmig singen lassen. Ebensogut aber – und einfacher – kann man an die Bitte um die eucharistische Speise und ihre Wirkung (»Laß uns eins sein im Heiligen Geist«) oder auch an eine andere Bitte anschließen: »Um diese Gabe, die nur unser Gott geben kann, und um alles, was wir brauchen, wollen wir beten, wie Jesus selber uns zu beten gelehrt hat.« Das schafft formale Einheit, Plausibilität, Mitvollziehbarkeit, die der Liturgie angemessene »erhabene Einfachheit«.

Die Texte der offiziellen vier Hochgebete bergen viele Probleme. Nicht umsonst haben die Reformatoren des 16. Jahrhunderts den Kanon schärfstens kritisiert und zum Unglück ihrer Kirchen abgeschafft. Etwas weniger Probleme stellen m. E. die späteren, zusätzlichen Hochgebete. Darüber im fünften Teil.

Hier noch etwas zum *Vortrag* des Hochgebets. In der komplexen Struktur kaum noch erkennbar, wendet sich das ganze Hochgebet an Gott, unseren Vater. Anrede an den Vater soll das Hochgebet jedoch nicht nur in seinem Text, sondern auch in der Vortragsweise und in der optischen Darstellung sein. Der Zelebrant spreche gerade diesen Text unbefangen als Beter, nicht als Vorleser, der etwa den Text des Hochgebetes in erster Linie der Gemeinde vermitteln will. Solche Intentionen stellen sich in Tonfall und Gebärde allzu deutlich dar und verhindern eher, daß der teilnehmende Laie zum Mitbeter wird, als daß sie diese Solidarisierung mit dem Gebet des Priesters fördern würden. Im Rahmen des Hochgebetes ist auch die Abendmahlsgeschichte-Erzählung, Erzählung vor Gottes Angesicht. Man mache also daraus kein Drama mit irgendwelchen Gebärden, die in der neuen Liturgie nicht mehr vorgesehen sind, etwa indem man sich bei den Wandlungsworten vorbeugt. Man mache aus der Abendmahlsgeschichte keine Zauberformel, indem man die Sätze in magische Einzelwörter zerhackt, sondern lese *prout sensus verborum exigit,* wie es der Sinn der Wörter verlangt. Die Worte des Abendmahls sind keine Aufforderung an die Gemeinde. Es ist also schlichtweg falsch und deplaziert, bei »Nehmet hin und esset« forsch in der Runde herumzublicken, um aus dem Gedächtnis einen Appell zu machen.

Von der *Elevation* der Gaben nach der Wandlung heißt es im Missale: *Ostendit populo.* Der Priester soll also Brot und Wein dem Volke zeigen, nicht zum Himmel hinaufheben. In der Papstmesse geschieht dieses Zeigen sogar nach drei Richtungen hin und in der Form des Kreuzes. Wie jeder sieht, geht es hier um ein zentrales Symbol. Die Umdeutung des Zeigens in eine Opfergeste erwies sich einst als ein willkommenes Mittel, um die Speise des Letzten Abendmahls als Opfer für den Vater darzustellen. Hier hat sich die vatikanische Liturgiereform zum alten Sinn bekannt.

Wer die eucharistischen Gaben schon bei den Wandlungsworten hoch genug erhebt, braucht seine Stellung danach nicht mehr zu ändern. Er bleibe einfach zeigend stehen und halte still. Gerade dieser Augenblick der Eucharistie verträgt keine Zutaten, wie man sie da und dort sehen kann. Wer vom Volke abgewandt zelebriert, bleibt wohl auch bei den Abendmahlsworten in dieser Stellung und drehe sich anschließend um, um »dem Volke zu zeigen«.

In manchen Kirchen wird bei der Elevation von Hostie und Kelch immer noch mit Schellen gebimmelt. Bei der lateinischen Messe hatten die Glockensignale sicher ihren guten Sinn. Aber in der landessprachlichen Messe muß man auf die heilige Wandlung nicht mehr eigens aufmerksam machen. Die Gemeinde folgt ja der Abendmahlserzählung bereits mit größter Aufmerksamkeit. Das Gebimmel wirkt dann eher als Salut für den mittels Wandlung der Gestalten erschienenen Erlöser, fixiert also eine recht einseitige Theologie. Die (aus dem 13. Jahrhundert stammenden) Elevationen werden so zum »Höhepunkt« der Liturgie stilisiert und machen die Teilnahme am heiligen Mahl mehr oder minder überflüssig.

6. Das heilige Mahl

Fülle der Riten: Vom Vaterunser bis zum Friedensgruß wird in der Liturgie besonders deutlich, daß wir es mit einer kirchenpolitischen Kompromißformel zu tun haben. Diese kurze Passage von ein bis zwei Minuten Dauer enthält viel zuviele liturgische Aktionen: erstens die Aufforderung zum gemeinsamen Vaterunser, zweitens das Vaterunser selbst, drittens die spätantike Fortführung der letzten Vaterunser-Bitte, viertens (als Doublette dazu) die Schlußformel des Vaterunsers aus der Zwölf-Apostel-Lehre, fünftens einen Erinnerungsspruch, »der Herr hat gesagt...«, sechstens ein Friedensgebet an Christus und siebtens den Friedensgruß »Der Friede des Herrn sei allezeit mit euch«, der ursprünglich an dieser Stelle nicht eine Versöhnungs- und Verbrüderungsgeste sein sollte, sondern die Entlassung der Nichtkommunikanten meinte. Ursprünglich folgte diesem Friedensgruß die Aufforderung des Diakons: *Qui non communicat, locum det!* Wer nicht kommuniziert, soll Platz machen (und nach Hause gehen). In der Tat hat an dieser Stelle die Feier der Liturgie schon solche Intimität erreicht, daß eine großangelegte Verbrüderungsszene hier einfach fehl am Platze ist. Sie bringt viel zuviel Äußerlichkeiten in den Vordergrund. Verbrüderung mit Händeschütteln und freundlichen Worten hätte eher nach dem Schuldbekenntnis und der Vergebungsbitte zu Beginn der Meßfeier ihren Platz. Freilich ist es schwierig, den vorgesehenen *Friedensgruß* gänzlich auszulassen; man soll ihn aber eher dezent und einfach gestalten.
Die miteinander konkurrierenden Anhängsel an das *Vaterunser:*

»Erlöse uns, Herr« und »Dein ist das Reich« werden erfreulicherweise nur in wenigen Kirchen aneinander gehängt. Da man mit Rücksicht auf die geringe Anpassungsfähigkeit des gemeinsamen Gebetes an kurzfristige Veränderungen zwischen diesen beiden Anhängseln nicht abwechseln kann, wird man sich wohl für das »Denn Dein ist das Reich« entscheiden und die Fortführung der letzten Vaterunser-Bitte unterlassen dürfen.

Während bei Kindergottesdiensten dem Vaterunser sogleich die Kommunion folgen darf, sind bei der allgemeinen Liturgie nicht nur die genannten Anhänge an das Vaterunser vorgeschrieben, sondern in der Folge noch das Brotbrechen mit dem Gesang des Agnus Dei, das Vorzeigen der eucharistischen Speise und die Kommunion des Priesters.

Wie vielen der Bildbegriff *Lamm Gottes* etwas sagt, wage ich nicht zu entscheiden. Gut wird es sein, hier einmal abzuwechseln und ein anderes Kommunionlied zu singen; je nachdem kann man dann auch beim Vorweisen der eucharistischen Speise eine passende Formel wählen. Hat das Lied (oder das gemeinsame Beten) nicht vom Lamme Gottes gesprochen, dann kann man wohl auch an dieser Stelle einmal ein anderes Bild verwenden: »Seht die Gabe, die der Herr uns gibt, das Heilmittel für die Sünde der Welt!« oder ähnlich.

Kommunion des Priesters: Unerfreulich ist die *Vorschrift, daß der Priester vor der Gemeinde kommunizieren soll.* Ein guter Gastgeber tut so etwas nicht. Viele Priester beginnen deshalb sofort mit der Austeilung an die Gemeinde und kommunizieren selbst am Schluß. Dann braucht niemand auf ihn zu warten, er hat Zeit für das persönliche Gebet, während die Gemeinde ihr Dankgebet nach der Kommunion verrichtet, meditiert oder ein Danklied singt. Dieser Brauch bietet dem Priester auch Gelegenheit, ein wenig auszugleichen, wenn die Zahl der konsekrierten Hostien nicht genau paßt. Er kann einmal seine eigene große Hostie mit drei anderen Personen teilen oder auch zwei oder drei Hostien zusätzlich selbst verzehren. Dadurch kann man sich oft den Weg zum Tabernakel ersparen, auch wenn kein zweiter Austeiler zur Verfügung steht.

Kommunion der Gemeinde: Der Verzicht auf die Kommunionbank hat sich nicht bewährt. Eine wohlgeordnete Prozession beim Kommuniongang sieht zwar schön aus, fordert aber die unerfreulichsten Zugeständnisse. Kaum ist der Kommunikant vor den Priester gelangt, ist er auch schon an der Reihe. Noch hat er die Hostie nicht im Munde, schon fühlt er sich verpflichtet, dem nächsten Platz zu machen. Unterwegs stopft er die Hostie schnell in den Mund, leicht betroffen, weil andere ihm dabei zusehen können. Nun auch noch zu schlucken oder gar zu kauen, getrauen sich wenige. Man geht also mit der Hostie im Munde zurück zu seinem Platz. Das ist kein Essen.

Bitten wir die Kommunikanten lieber wieder an die Kommunionbank. Hier kann sich jeder in Ruhe aufstellen; man hat noch etwas Zeit, bis der Austeiler mit der heiligen Speise sich nähert. Jeder kann die Hostie in Ruhe empfangen, je nach eigenem Wunsch kniend oder stehend, mit der Hand oder mit dem Mund, sie ohne Hast verzehren und ein kurzes Dankgebet sprechen.

Die *Kelchkommunion* ist auch in der erneuerten Liturgie auf wenige Gelegenheiten beschränkt, zu wenige. Ich möchte zwar nicht jede Werktagsmesse durch die Kelchkommunion auszeichnen, aber sonst jede Messe in kleineren Gruppen – im Rahmen des Möglichen und pastoral Sinnvollen: Arbeitskreis, Jugendgruppe, (höhere) Schulklasse, Hochzeitsgesellschaft usw. wie das Direktorium für Gruppenmessen vorsieht. Wo mehrere und größere Ministranten und weitere liturgische Helfer im Presbyterium mitfeiern, können diese wohl immer auch den Kelch gereicht bekommen. Allerdings bringt die Kelchkommunion auch technische, hygienische, rituelle Probleme mit sich, von denen noch die Rede sein wird. Das gemeinsame Trinken weist die christliche Eucharistiefeier zunächst einmal eindeutig als Kleingruppenritus aus. Das Recht, Eucharistie zu feiern, steht daher in erster Linie der Kleingruppe zu, der Basisgruppe, wenn man so will. Von solchen Feiern wird deshalb noch eigens die Rede sein müssen. Vielleicht kommt die Kirche auch in unseren Breiten einmal wieder in die Lage, in kleineren Gruppen leben und feiern zu dürfen oder zu müssen. Fürs erste aber wollen wir uns mit der sonntäglichen Eucharistie befassen, wie wir sie *in praxi* feiern können und feiern, und das heißt nun einmal in aller Regel: in der pfarrlichen Großgruppe. Soll dabei nach dem Vorbild Jesu und seiner Jünger gemeinsam getrunken werden, wird man immer auf Notlösungen und kompromißreiche Rituale sich einlassen müssen.

Einfachste Möglichkeit: eintauchen (lassen). Entweder taucht der Spender selbst Brot bzw. Hostie in den Wein (wozu er einen den Kelch haltenden Assistenten braucht), und legt die Hostie den Kommunikanten auf die Zunge, oder er läßt jeden eine Hostie nehmen und selbst eintauchen (wozu er keinen Assistenten braucht, aber den Empfängern einiges Geschick zutrauen muß). Läßt er jeden seine Hostie nehmen, so kann er auch mit Schale und Kelch von einem zum anderen gehen. In beiden Fällen braucht der Ritus natürlich mehr Zeit als die Übergabe der Hostie allein. Es liegt daher nahe, auch einen längeren Text dabei zu sprechen als nur das etwas frostige »Der Leib Christi«. Hier können wir von den evangelischen Kirchen lernen. Dort ist es im allgemeinen Brauch, daß die Kommunikanten sich jeweils in einer Reihe aufstellen. Der Pfarrer reicht jedem zunächst die Hostie dar; die Empfangenden bleiben stehen. Der Pfarrer geht von einem zum anderen und wiederholt langsam den Spruch: »Nimm und iß, das ist der Leib des Herrn, für dich in den Tod gegeben«. Dann nimmt er (oder ein anderer) den Kelch und reicht diesen dar, sprechend: »Nimm und trink, das ist das Blut des Herrn, für dich und für alle vergossen zur Vergebung aller Sünden.« Dann tritt der Pfarrer vor die Mitte der Reihe und sagt: »Das stärke und erhalte euch im rechten Glauben und zum ewigen Leben« und gibt still den Handsegen. Diesen Ritus finde ich außerordentlich schön.
Eine *weitere Möglichkeit* wäre, den Kelch von Hand zu Hand gehen zu lassen. In jedem Falle entsteht ein hygienisches Problem. Dieses läßt sich allerdings auch dadurch lösen, daß man es ignoriert. Wer aus dem gemeinsamen Kelch nicht trinken will oder aus medizinischen Gründen nicht trinken soll, der müßte sich halt auf die Gestalt des Brotes beschränken. Der evangelische Liturge geht nach jeder Reihe zum Altar und putzt den Kelchrand mit reinem Alkohol und Papiertaschentüchern. Hygienisch optimal, rituell nicht sehr schön, etwas klinikmäßig. Läßt man den Kelch von Hand zu Hand gehen, so wird meist ein Tüchlein mitgegeben, mit dem jeder dann (meist recht diensteifrig und störend) seine Spuren tilgt. Diese Art von Hygiene bringt nicht viel und ist wohl entbehrlich. Eine andere Möglichkeit wäre, mehrere Kelche zu benützen und entsprechend zu wechseln. Schließlich könnte man auch jedem einen Becher geben und ihm aus einer Kanne

einschenken – der in Mitteleuropa sonst allgemein übliche Ritus. Zum Purifizieren bekommt jeder noch einen unkonsekrierten Schluck nachgeschenkt. Dieser m. E. akzeptabelste Ritus setzt allerdings voraus, daß man viele Becher bereithält und sie nachher spülen lassen kann.

Zum hygienischen Problem tritt noch ein eher rituelles: Übriggebliebenen Wein kann man nicht ohne weiteres für längere Zeit in den Tabernakel stellen. Es empfiehlt sich daher, wenig zu konsekrieren, lieber später unkonsekrierten Wein hinzuschütten. Wie gesagt: ohne Kompromisse wird es nicht gehen. Für jeden Fall sollte der Zelebrant, wenn er einen halbvollen Kelch nicht selber austrinken kann, einen standfesten Helfer wissen oder deren mehrere.

Danksagung: Vielen Gläubigen geht die Messe nach dem hl. Mahle zu schnell zu Ende. Eine wohlgestaltete Liturgie sollte jedenfalls nach dem Mahle eine Zeit meditativer Stille und ein Danklied enthalten. An Stelle der Stille, vor der Stille, danach oder zwischendurch bewähren sich auch vorgesprochene Meditationstexte, denen die Gemeinde auch einmal mit einem Kehrvers antworten kann. Woher nimmt man solche Texte? An erster Stelle denke ich an wiederholende Texte, aus den Bibellesungen, aus der Predigt, aus der Liturgie. Daneben dürfen freilich auch einmal neue Texte zu Gehör kommen, Dankgebete aus dem Gotteslob, dichterische Kontexte (z. B. aus *Blasig*-Materialdienst), Psalmverse.

Die Zeit der Danksagung nach dem Mahle wird jedenfalls am wenigsten durch liturgische Vorschriften reglementiert und gestattet mithin viel freies liturgisches Tun. Allerdings gibt es auch Leute und Gemeinden, die es hier wie sonst eilig haben. In meiner Dorfgemeinde ist z. B. nicht zu erreichen, daß Männer zwischen 20 und 60 Jahren auch außerhalb der hohen Feiertage zur Kommunion gehen. Ausgedehnte Dankriten hätten in dieser Gemeinde wohl nur zur Folge, daß die Männer vorzeitig die Kirche verlassen. Also lasse ich es bei einem einfachen Danklied. Ob während des heiligen Mahles ein zweites Lied gesungen werden soll, richtet sich wohl zunächst einmal nach der Zahl der Kommunikanten. Wie viele brauchbare Sänger bleiben in den Bänken und bei ihren Büchern? Lieber ein Lied weniger als ein schwacher Gesang. Während des Mahles bewährt sich also an erster Stelle Chorgesang, Scholagesang, zu dem die Gemeinde nur einen Kehrvers beiträgt, Orgel- oder andere Instrumentalmusik, natürlich auch Stille.

7. Abschlußriten

Weniger Fragen werfen die Abschlußriten der Meßfeier auf. Bei der Aufforderung: »Lasset uns beten« soll die Gemeinde sich in jedem Fall erheben; denn was folgt, Gebet, Vermeldungen, Segen, Entlassungsgruß, all diese verschiedenen Vorgänge lassen sich in keiner anderen Haltung gleich sinnvoll mitvollziehen. Der Gebetsaufforderung soll (reichlich) Stille folgen für das persönliche Dankgebet, wenn sich nicht schon zuvor eine Zeit der Stille ergeben hat. Nach dem *Schlußgebet* finden die unumgänglichen *Vermeldungen* Platz. Ein den Segen vorbereitendes Wort kann die Vermeldungen abschließen. Nach dem Entlassungsruf »Gehet hin in Frieden«, kann der Gottesdienst dann wirklich zu Ende gehen. Alle Anhängsel, Vermeldungen an dieser Stelle, Schlußlied, nehmen ja die Entlassung wieder zurück und sollen daher die Ausnahme bleiben. Der *Auszug* des Altardienstes muß ohne Lied freilich in recht kurzer Form erfolgen, soll er nicht im Aufbruch der Gemeinde untergehen. Wie gut das rechtzeitig einsetzende Orgelspiel den Auszug von Altardienst und Gemeinde »deckt«, ist allgemein bekannt.

Sinnvoller als den Rezeß in die Sakristei finde ich den *Auszug per ecclesiam.* Am Kirchenausgang können sich Priester und Altardiener aufstellen, gegebenenfalls schriftliches Material ausgeben, zum Beispiel Ausmal-Zeichnungen für Kinder (Herausgeber und Versandort: Pfarramt Bruder Klaus, Putzbrunner Str. 272, 8000 München 83). Jedenfalls wird der Priester hier für alle Teilnehmer am Gottesdienst ohne Umstände ansprechbar. Die manchmal etwas abwesenden Mienen der Gläubigen, die aus der Kirche kommen, hellen sich beim Anblick des Seelsorgers im allgemeinen erheblich auf; statt der kontaktlosen Flucht ins traute Heim folgt dem Gottesdienst ein freundliches Gespräch, nicht nur mit dem Pfarrer, sondern meist auch mit anderen Gemeindegliedern. Für Frühschoppen oder Gemeindekaffee ergibt sich eine unkomplizierte Anknüpfung. Wer nach dem Gottesdienst durch so weltliches Treiben nicht gestört werden möchte, wird ohnehin besser noch ein paar Minuten in der Kirche bleiben und nicht mit introvertierter Miene nach Hause eilen. Wird die Kirche nicht schon bald wieder für den nächsten Gottesdienst gebraucht, kann man vielleicht noch eine geistliche Schallplattenmusik folgen lassen und so den Sonntagsgottesdienst noch in Richtung aufs Meditative weiterführen.

III. Verschiedene Detailfragen

Manchem Leser wird schon bisher der Gedankengang zu sehr in die Einzelheiten, ja nahezu an Primitivitäten hin gegangen sein. Den auf diese Weise ungeduldigen Leser möchte ich daran erinnern, daß erstens das Gesagte nicht vom grünen Tisch, sondern von vielfältigen konkreten Erfahrungen her gesprochen ist. Zweitens sei daran erinnert, daß wir die Messe sehr oft, vielleicht zu oft feiern. Das immer wieder Vollzogene, Wiederholte aber prägt sich ein. Es läßt sich durch gelegentliche Begründungen und Entschuldigungen, etwa in der Predigt, nicht in seiner Wirksamkeit mildern. Gerade der regelmäßige Teilnehmer am Gottesdienst wird durch den Stil und die Details der konkreten Feier tief geprägt. Was ihm mißverständlich vorgezeigt oder vorgetragen wird, das wird er sich auf seine persönliche Art plausibel machen, vielleicht ganz anders als es gemeint war. Erstreckt sich zum Beispiel die Geldsammlung bis zur Wandlung hin, weil der Mesner sie allein durchzuführen hat, so wird ein großer Teil der Gemeinde das wahre Motiv nicht erraten: etwa, daß die Sammlung weniger erbringt, wenn sie von Ministranten durchgeführt wird, und daß die Stiftungskasse auf diese Beträge angewiesen ist. Der optisch-akustische Text sagt einfacher: Das Geld ist hier das wichtigste. Das Geld geht vor. Den wahren Sachverhalt kann man gelegentlich einmal erklären. Die Sprache des unmittelbar Miterlebten aber wird die deutlichere und einprägsamere sein und die Meinung der Gemeinde prägen. Alle Details der Feier werden durch ihre häufige Wiederholung immer prägsamer also wichtiger. Deshalb noch weiteres zu weiteren Details.

1. Dienst und Kleidung der Liturgen

Die liturgische Bewegung hat besonders nachhaltig die Entwicklung der Gewandformen beeinflußt. Schabrackenähnliche Paramente, die künstlerisch und handwerklich außerordentlich schön gestaltet gewesen sein konnten, sind aus unseren Kirchen zugunsten von Gewändern verschwunden, die wirklich wieder Gewänder sind. Nicht nur für die Kasel des Priesters, auch für die Gewänder der Ministranten und sonstiger Helfer, sind ältere, ursprünglichere Formen mit Erfolg erneuert worden. Altardiener und -dienerinnen erscheinen in vielen Kirchen nicht mehr mit einzelnen, unvollständigen Kostümstücken (wie Schurz und Kragen) gekleidet, sondern mit ganzen Gewändern, die oft Kutten ähnlich sehen. Diese Gewänder sitzen besser. Sie verdecken besser das darunter getragene Alltagskleid. Mutige Gewandfachleute haben es sogar gewagt, den komplizierten Aufbau der Priestergewandung zu vereinfachen und Albe, Cingulum, Schulterstola und Kasel in einem Gewand praktisch und ansehnlich zusammenzufassen.

So weit, so gut. Kritisierbar scheint an manchen Stücken ihre großflächige und farbstarke Gestaltung, über deren groben Formen das Gesicht des Zelebranten eher nichtssagend oder undeutlich erscheint. Ziehen wir uns zur Messe so an, daß auch in diesem Falle die Kleidung für den Menschen da ist, der Mensch nicht zu einer Art Plakatständer, zu einem Sandwich-Mann wird. Freie Hand geben die liturgischen Vorschriften vor allem in der Gestaltung der Kleider für Vorleser, Kantor, Scholar, Sammler und Kommunionhelfer. Alle diese Mitwirkenden können ihren Dienst natürlich auch im Straßenkleid versehen. Aber wenn ein liturgisches Gewand für Priester und Ministranten sinnvoll erscheint, soll es auch den anderen Diensten zuerkannt werden. Bei einer Meßfeier im kleinen Kreis reicht es unter Umständen, wenn der Priester die Stola über einem dafür geeigneten Gewand trägt. Je größer aber der Kirchenraum, je zahlreicher die Teilnehmerschaft ist, desto wichtiger wird es, daß die Teilnehmer am Gottesdienst mit den verschiedenen Funktionären optischen Kontakt halten können, sie also an ihrer Kleidung in ihrer Rolle identifizieren können. Auf der Bühne wird eigentlich überall symbolische, nicht alltägliche Kleidung getragen, ob es sich nun um eine Steelband oder um einen Conférencier handelt.

Optische Probleme hat allerdings die Konzelebration mit sich gebracht. Darüber wird noch zu reden sein. Hier sei nur vermerkt, daß die Albe ihrer Art nach ein Untergewand ist: nur *modern* gestaltete Alben, die sich stilistisch schon in Richtung auf Kasel bewegen, sind ansehnlich und können als Oberkleid getragen werden. Schade finde ich, daß die Levitengewänder fast ganz außer Gebrauch gekommen sind. Erstens waren sie meist wirklich schöne Gewänder, vor allem wenn sie modern und aus weichem Stoff geschnitten, seitlich geschlossen sind. Wenn ein Priester einem anderen bei der Messe assistiert und die Aufgabe des Diakons versieht, warum soll er nicht dann auch das Kleid des Diakons tragen dürfen? Die Vorstellung, es müsse jeder nach seinem hierarchischen Rang gekleidet sein, paßt eigentlich gar nicht in eine gute Ekklesiologie. Meines Erachtens ist der Dienst wichtiger als der Rang. Das Mitwirken eines »Subdiakons« oder eines zweiten Diakons schafft eine optisch runde, elegante Form. Ich bin daher dafür, daß festliche Gottesdienste wieder mit zwei Diakonen gefeiert werden. Der zweite Assistent könnte dabei auch sicher ein Laie, z. B. der Kommunionhelfer oder der Vorleser sein. Das feierliche Gewand verlangt dann allerdings, daß der Träger von der Gemeinde in dieser Rolle anerkannt ist. Ich kann mir im Gewande des Diakons gut einen Katecheten oder einen entsprechend vorgebildeten Kommunionhelfer vorstellen. Im ganzen wird viel davon abhängen, ob man aus der Kleiderfrage eine optische oder eine weltanschauliche Frage macht. Symbolische Kleidung soll in erster Linie gut und sinnvoll aussehen. Für den Christen kann es im Ernst keine »Kleiderideologie« geben. Ein bißchen zeitlos dürfen die Gewänder für die Eucharistiefeier freilich wirken.

2. Liturgiebruderschaft

In manchen Kirchen sieht man die Ministranten mit einer schönen Medaille geziert, nicht alle zwar, aber die etwas größeren. Das Ehrenzeichen läßt die Ministrantengruppe an ein Stiftskapitel erinnern, und so ähnlich ist die Sache auch gemeint. Nach einer Probezeit von vielleicht einem Jahr bekommen die jungen Gottesdiener dieses Zeichen umgehängt, das sie mit Stolz und Freude tragen und das sicher zu ihrer Diensttreue beiträgt. Ministrantenweihen hat es vereinzelt auch früher schon gegeben. Den Jungen wurde dabei meist das Ministrantenkleid angezogen, was natürlich nicht immer eine schöne Zeremonie ergibt. Das Übergeben der Medaille macht immer ein gutes Bild.

Die Schattenseite dieser Bräuche ist wohl an der Tatsache zu suchen, daß die jungen Altardiener nach einigen Jahren ihren Dienst und ihr Ehrenkleid an den Nagel zu hängen pflegen. Was wird dann aus der feierlichen Weihe und dem Ehrenzeichen? Alte Ministranten sind nicht recht beliebt. An den Werktagen sind sie sicher verlegenheitshalber willkommen. Aber wenn man da den einen oder anderen schwerfällig durch den Raum schlürfen sieht, entsteht wohl kaum der Wunsch, auch an den Sonntagen Jugend und Schönheit rund um den Altar durch ein anderes Dienstalter zu ersetzen. Aber der sonntägliche Gottesdienst braucht andere Helfer, die sich ohnehin größtenteils aus Erwachsenen rekrutieren: Vorbeter und Vorleser, Scholasänger und Kantoren, (Hilfs-) Mesner, Sammler, Organisten, Kommunionhelfer, Zelebranten für Wortgottesdienste. Ich könnte mir daher gut vorstellen, daß die Ministranten und Ministrantinnen, erwachsen geworden, nicht aus dem Dienst ausscheiden, sondern zu höheren Diensten aufsteigen (ein anderes Gewand und größere Medaillen erhalten), und lebenslang eingeladen bleiben, dem Altare zu dienen. Es entstünde so in der Gemeinde eine liturgische Bruderschaft. Diese soll natürlich die anderen Gemeindeglieder nicht zu Christen zweiter Klasse degradieren. Eine liturgische Bruderschaft bildet keine Obergemeinde, sondern eine speziell ausgebildete und speziell tätige Dienstgruppe, vergleichbar den Katechetenbruderschaften oder Caritasgruppen, die es ebenso gibt. Ostiariat und Akolytat werden auf diese Weise wiederbelebt, nicht kraft bischöflichen Rechts – was hier gar nicht erforderlich ist –, sondern als gemeindlicher Brauch oder als Bruderschaften im Sinne von CIC 707–725.

3. Konzelebration

Die sakramentale Konzelebration hat einen wesentlichen Fortschritt gegenüber dem Unwesen der Winkelmessen mit sich gebracht. Viele Priester, vor allem in den Orden, sehen sich aus finanziellen Gründen zur täglichen Zelebration genötigt und tun sicher besser daran, wenn sie konzelebrieren als wenn sie irgendwo nebenher eine Privatmesse halten. Aber als Idealzustand möchte ich diese Art von Meßfeier nicht gelten lassen. Wäre

es nicht besser, die Priester würden sich den Lebensunterhalt auf andere Weise verdienen können?
Der Zelebrant waltet seines Amtes, nach allgemeiner Lehre, anstelle des geistig anwesenden Christus. Der Zelebrant sagt und tut, was Christus sagte und tat. Mehrere Zelebranten erscheinen daher ähnlich verwirrend, ja sinnwidrig, wie ein Rudel von »Nikolausen«, wie man sie manchmal um den 6. Dezember herum auf den Straßen antreffen kann. In der Gefolgschaft von *Joseph Pascher* möchte ich für eine rituelle Konzelebration eintreten. Zusätzliche Priester können bei der Messe Hilfsdienste übernehmen, z. B. den des Diakons, oder sich in der alten Form der Chorassistenz beteiligen. Das nimmt sich immer sinnvoll und schön aus. Bei vielen Konzelebrationen verstehe ich irgendwie mit: Hier ist nicht der Priester für die Messe da, sondern die Messe für den Priester. Die unangebrachte Ambition wird oft überdeutlich, wenn die Wandlungsworte im Chor gerufen werden, während doch die liturgischen Vorschriften besagen, daß hier nur der Hauptzelebrant laut sprechen darf (vgl. Meßbuch I, 162). Warum sprechen eigentlich fast immer die Konzelebranten überlaut mit, wo liegt das Motiv? Vielleicht kommen sie sich etwas überflüssig vor, wenn sie sich an die gegebenen Vorschriften halten. Dies wäre freilich ein recht hintergründiges Motiv. Die mitfeiernde Gemeinde bleibt jedenfalls angesichts der nur unzureichend begründbaren Erscheinung auf Vermutungen angewiesen.

4. Kinder im Gottesdienst

Für die Gestaltung von Kindergottesdiensten gibt es vielerlei Hilfe und allerhand liturgierechtliche Freiheit. Auch der Verfasser hat sich auf diesem Gebiet mehrbändig engagiert. Trotz dieser Hilfen zur Gestaltung von Kindergottesdiensten wird die Mehrheit unserer Kinder wohl sonntags an Gottesdiensten teilnehmen, die eigentlich nur für die Erwachsenen gestaltet werden. Vieles verstehen sie dann nicht, vieles interessiert sie nicht. Es ist deshalb notwendig, bei jedem Gottesdienst, an dem auch einige Kinder sich beteiligen, auch irgendwie auf sie einzugehen, irgend etwas speziell für sie zu tun. Der Möglichkeiten gibt es – auch aus dem Stegreif – viele:

– Die beste Hilfe für Kinder zur Mitfeier des Gottesdienstes ist wohl nach wie vor das Ministrieren. Viele frühere Ministranten haben sich zwar als Erwachsene völlig von Gottesdienst und Kirche entfremdet, aber das allein beweist noch nicht viel. Es gibt schließlich keine unfehlbare Pastoral. Ferner darf man wohl davon ausgehen, daß in vielen Fällen Ministranten ihren Dienst nur oberflächlich zu verrichten gelernt haben. Eine ständige Betreuung, wie sie gerade in der Nähe des Altars notwendig ist, erhalten nicht alle ministrierenden Kinder. Werden die Ministrantenstunden und die kurzen Minuten, die man zusammen in der Sakristei verbringt, auch zur liturgischen und spirituellen Bildung benützt, dann ist wohl das Ministrieren die beste Gelegenheit, Kinder den Gottesdienst zugänglich und mitvollziehbar zu machen.
– Der Prediger soll anwesende Kinder wenigstens einmal anreden. Wenigstens einen Aspekt an der behandelten Sache verstehen sicher auch die Kinder. Diese Chance darf man nicht ungenutzt vorübergehen lassen.
– Kinder können an der Gabenprozession beteiligt werden.
– Vor der Präfation kann man die anwesenden Kinder ins Presbyterium bitten und um den Altar sich aufstellen lassen.
– Das Pfarramt Bruder Klaus in München 83 (Putzbrunnerstr. 272) bietet für jeden Sonn- und Feiertag ein DIN-A5-Blatt für Kinder an: das Evangelium kindesgerecht übersetzt, dazu ein passendes Ausmalbild und ein Rätsel. Man kann den Kindern diese Blätter am Ende des Gottesdienstes mit ein paar netten Worten überreichen, oder auch schon vor der Predigt; dies vor allem dann, wenn die Predigt auf die Zeichnung Bezug nehmen kann oder wenn die Predigt so wenig für Kinder geeignet ist, daß man sie lieber gleich bittet, ihre Aufmerksamkeit anstatt der Predigt dem ausgegebenen Blatt zu widmen. (Manchmal hören sie dann natürlich besonders aufmerksam zu!) Die ausgemalten Blätter werden gelegentlich angesehen und prämiert oder gar ausgestellt.
– Wenigstens monatlich sollte jede Gemeinde einen Kindergottesdienst gestalten, was zumindest am Werktag möglich ist, oder einen eigenen Wortgottesdienst für die Kinder. Im Gottesdienst der Erwachsenen kann man eigene Kinderbetreuer oder Betreuerinnen aufstellen, die sich zwischen die Kinder setzen, ihnen die Lieder aufblättern, auch einmal etwas erklären, nachher mit den

Kindern über den Gottesdienst sprechen. So ein *Feed-back*-Gespräch ist besonders wertvoll, weil bei dieser Gelegenheit alles aufgearbeitet werden kann, was die Kinder nicht verstehen, oder irgendwie als fremd erlebt haben.

– Kinder, die nicht ministrieren, sind oft bereit, bei den technischen Vorbereitungen (Lieder aufstecken, Liederbücher ordnen, Kerzen anzünden usw.) und beim Aufräumen zu helfen.

– Der Zelebrant oder sonst eine geeignete Person kann sich nach dem Gottesdienst mit den Kindern unterhalten, vielleicht sogar einmal eine Quizfrage stellen zur Predigt oder über den Gottesdienst.

– Die Kinder können am Ein- und Auszug des Altardienstes teilnehmen.

– Kinder, die sich etwa auf die Firmung vorbereiten, können dazu aufgefordert werden, über ihren Gottesdienstbesuch Tagebuch zu führen; Ort und Zeit der Mitfeier einzutragen, besondere Beobachtungen, Erinnerungen an Inhalt der Bibeltexte oder der Predigt, und ein persönliches *feed-back* dazuzugeben. Solche Aufzeichnungen geben auch Gelegenheit, mit den Kindern nachher über ihre Eindrücke vom Gottesdienst, über ihre Mitfeier usw. zu sprechen und sich mit ihnen zu beraten, wo und bei welchen Gottesdiensten sie sich am ehesten angesprochen fühlen könnten.

– Wem fällt noch etwas ein?

5. Gesang und Musik

Schon beim Letzten Abendmahl werden sie den Lobgesang wohl nicht »gesprochen« haben, wie Martin Luther Mt 26,30 übersetzt, sondern gesungen. Die Instrumentalmusik des vorherigen Tempelkults konnte die eher im Verborgenen lebende Christengemeinde zunächst nicht übernehmen, wollte sie wohl auch nicht. Die mehrfach erneuerten Einschränkungen und Vorbehalte gegenüber der Instrumentalmusik hat erst das letzte Konzil weitgehend entkräftet. Die bewegte Klage *Annette Thomas*, man müsse zwar zu Beginn der Messe beten: »Mit Zitherspiel will ich dich preisen«, dürfte dies aber bei der Messe dann doch nicht tun, hat sich jedenfalls glücklich erledigt. Es ist hier nicht der Ort, der wechselvollen Geschichte der Kirchenmusik nachzugehen; auch nicht der Ort, detaillierte Anregungen zur musikalischen Gestaltung -des Gottesdienstes zu geben. Das ist anderswo sehr kompetent geschehen, z. B. in den ergänzenden Publikationen zum »Gotteslob«.

Einige persönliche Anmerkungen möchte ich mir aber doch gestatten.

Das *Lied* hat sich schon früh zur dominierenden Form des Volksgesangs im Gottesdienst entwickelt. In der letzten Phase der diözesanen Gesangbücher deutscher Sprache stagnierte dann die Entwicklung des Liedguts so deutlich, daß Jugendliche sich im allgemeinen zu weigern begannen, in ihren Gottesdiensten Lieder zu singen. Das hat sich nun wieder geändert. Die etwa 30 Titel im »Gotteslob«, die als rhythmisch im modernen Sinne gelten können, werden auch bei Jugendmessen gern gesungen. Meine Schüler singen übrigens am liebsten und mit unermüdlicher Ausdauer Lied Nr. 622 »Hilf Herr meines Lebens«. Gerade ein so demütiges, etwas düsteres Lied scheint dem Selbstgefühl dieser jungen Leute zu entsprechen. Das scheint mir bedeutsam. Andere Völker haben andere Voraussetzungen für den landessprachlichen Gesang, günstigere. Die Engländer und Amerikaner konnten ihre *spirituals* und *shanties* einbringen, die Englisch auch in den Gottesdiensten der Jugend zum neuen Kirchenlatein gemacht haben. Die Franzosen können sehr leicht und sehr vielfältig ihre *Chansons* entsprechend betexten und auch ziemlich leicht neue Chansons komponieren.

Ein neues deutsches Lied aber wird auf absehbare Zeit hinaus eher als musikalisch konservativ, als antiquiert empfunden werden. Die aktuelle Schlagerproduktion orientiert sich an englischen, französischen und lateinamerikanischen Formen. Es wird sich daher empfehlen, neben dem erstaunlich gut akzeptierten »Gotteslob« auch für importierte Formen Raum zu lassen, vor allem bei Jugend- und Kindergottesdiensten.

Ähnliches darf wohl für die *Psalmodie* gelten. Das »Gotteslob« bietet eher zuviel Psalmodie an, zudem in Form deutscher Gregorianik, die von den Gemeinden selten gern gehört, vielleicht noch seltener schön vorgesungen oder von allen gesungen wird. Die französische Psalmodie nach der Art von *P. Gelineau* – auf eine Note kommen immer mehrere Silben, nie allzu viele; die

Melodie geht mit dem Inhalt, beschränkt sich nicht auf eine Clausula – wäre auch der deutschen Sprache durchaus angemessen. Schade, daß sie ins »Gotteslob« keinen Eingang gefunden hat! Das ist nun so schnell nicht wieder zu ändern. Um auf das Gebetsgut der Psalmen nicht verzichten zu müssen, empfiehlt es sich sehr, den offiziellen Anregungen zu folgen und die Psalmengesänge in einer Meßfeier nie zu häufen. Ein oder zwei Psalmenstücke sind immer genug. Lieder hingegen dürfen es nach aller Erfahrung auch viele sein.

Das »Gotteslob« bietet auch einige *Kanons* an, die ich, außer in meiner Kirche, noch nie bei der Messe gehört habe. Der Versuch lohnt sich. Kanons bieten vor allem da eine große Bereicherung des Kirchengesangs, wo andere Formen der Mehrstimmigkeit nicht verfügbar sind. Kanons auf die großen Blöcke im Kirchenraum zu verteilen – rechts, links, Empore, Presbyterium – macht keine Schwierigkeiten. Unterstützt die Orgel den Gesang, dann kann auch nichts daneben gehen. Wichtig ist, daß der beliebig festlegbare Schluß allgemein eingehalten wird. Das ist zu erreichen, wenn

– vorher auf diesen Punkt hingewiesen wird,
– rechtzeitig Handzeichen gegeben werden,
– die Orgel (und mit ihr alle Aufmerksamen) den letzten Ton sehr lange aushalten.

Ist das Modell einmal geläufig, genügt es, wenn die Orgel den Schlußakkord lang genug aushält.

Problematisch erscheint vielfach die *Art des Singens* in der Kirche. Meist wird schrecklich langsam gesungen, am Zeilenende zu lange ausgehalten. Zu frischerem Tempo kann man die Gemeinde sicher bekehren, wenn man sie auf die abstoßende Wirkung hinweist, welche das schleppende Singen auf jüngere Menschen ausübt. Ferner singen meist zu wenige (was sich nicht so schnell ändern läßt) und diese zu angestrengt, zu laut. Oft habe ich den Eindruck, die Singenden wollen eine größere Zahl von Sängern vortäuschen oder die laute Orgel übersingen oder überschreien. Auch über diese Versuchung kann einmal in der Predigt gesprochen werden. Das Singen soll Freude machen, lösen, tragen. Nicht wir tragen das Lied (etwa wie ein Kreuz); das Lied will uns tragen. Der Singende überlasse sich einfach dem Liede, wie der singende Mann von Barlach.

Gesang darf immer auch leise sein, niemals aber zu laut. Hier hängt die Gemeinde natürlich stark von ihren Organisten ab; diese aber wieder vom mehr oder minder regelmäßigen *feed-back,* von der Besprechung der musikalischen Gestaltung im Team. In den wenigsten Kirchen kann der Organist wissen, ob seine Begleitung zu laut ist oder nicht. Diese Frage ist meist nur fern von der Orgel zu beantworten. Freilich: Organisten sind Künstler, empfindsam und oft auch verletzlich, was ihr Spiel anlangt. Aber jedem Organisten kann man eine Freude machen, wenn man ihm *Gerald Moores* Memoiren schenkt: »Am I To Loud?«. Vielleicht fragt er dann selber die Frage Moores.

Narren haben nach der Liturgiereform die *Kirchenchöre* nach Hause geschickt. (Es gibt freilich auch Fälle, wo diese Reaktion recht verständlich war.) Mit einem statt des Chores oder alternativ zu ihm eingesetzten Kantor oder einer einstimmigen Schola habe ich zu wenig Erfahrung, um mich dazu äußern zu dürfen. Der mehrstimmige Chor aber kann eine solche Bereicherung des Gottesdienstes darstellen, daß ich darauf nie verzichten möchte. Die deutschsprachige Chorliteratur ist freilich nicht so formenreich wie die lateinische. Beschränken wir uns trotz dessen zunächst auf die erstere. Auch schwächere Kirchenchöre werden ihren Zuhörern nicht lästig werden, wenn sie nicht zuviel singen. Ein oder zwei Lieder eines Chores erhöhen jede liturgische Feier. Um die entsprechenden Strukturen deutlich zu erhalten, lasse ich den Chor jeweils entweder Stücke aus den Propriumsgesängen übernehmen oder Stücke der gleichbleibenden Gesänge. Besonders lebendig finde ich Gesänge, bei denen Chor und Gemeinde abwechseln. Hinsichtlich der Texte hat die liturgische Reform viel Freiheit gegeben. Um so wichtiger ist geworden, daß die verschiedenen Textsorten (Lesungen, Predigt, Gesänge) inhaltlich zusammenpassen. Was nützt es, wenn irgendein Gesang genau den liturgisch vorgesehenen Text wiedergibt, aber innerhalb der konkreten Gottesdienstgestaltung ein Fremdkörper bleibt?

Hier erweisen sich natürlich die lateinischen Gesänge als weniger problematisch. In den Ohren der Latein nicht verstehenden Mehrheit klingt Latein immer wie textlos, als Jubilus, als Klage, je nach der musikalischen Aussage. Man soll freilich auch bei der Auswahl lateinischer Texte ehrlich bleiben, schon wegen der Altsprachler. Aber sagen wir andererseits ein unbefangenes Ja zu (für den Hörer) textlosen Gesängen, die nur das Gemüt, nicht den Verstand ansprechen. So gesehen muß ein lateinischer Chorgesang in einem deutschen Gottesdienst kein Fremdkörper sein. Gefühlsmäßige Einwände habe ich jedoch gegen *zweisprachliche Gottesdienste.* Das ständige Hin und Her zwischen Latein und Deutsch wirkt unkultiviert, stört immer wieder, bringt die lateinische Liturgie um ihren Schmelz. Sicher wird man die Teilnehmer auf deutsch begrüßen, die Lesungen auf deutsch vortragen lassen, deutsch predigen, deutsche Fürbitten sprechen lassen. Diese Teile gab es niemals nur auf Latein. Sie existierten entweder nicht oder wurden übersetzt. Orationen und Präfationen dürfen aber auch einmal unverständlich und damit unbelastend bleiben. In meiner Gemeinde habe ich die lateinische Messe nie abkommen lassen. Die eine *gregorianische Ordinariumsreihe,* die wir singen können, singen wir nahezu monatlich und sie »geht« immer besser. Unter unseren einfachen Verhältnissen (der Chor hat aufgeben müssen) stellt freilich das *Proprium* Probleme. Die beste Hilfe bietet uns das *Pange Lingua,* das immer die Communio abgibt, hie und da auch schon den *Introitus.* Aber das ist sicher eine Notlösung. Passender finde ich ein instrumentales Vorspiel, Introitus von Chor oder Schola, wenn wir so etwas einmal haben. Nach der Epistel kann (mit Ausnahme der Fastenzeit) immer *Alleluja* gesungen werden. Das *Offertorium* kann die Orgel ersetzen; zur passenden Zeit singen wir auch das *Salve Regina* als Offertorium. Die hier geschilderte Praxis will natürlich in keiner Weise vorbildlich sein. Es soll nur gezeigt werden, daß auch unter den einfachsten Verhältnissen die lateinische Liturgie noch möglich ist, sofern nur ein paar Leute da sind, welche die wichtigsten lateinischen Antworten noch singen können. Lateinische Messen ohne Gesang haben wohl nur in Ausnahmefällen Sinn. Es geht uns ja nicht um Erhaltung einer heiligen Sprache oder um Ähnliches; es geht uns um Erhaltung (oder Wiedergewinn) liturgischer Vielfalt und um die Erhaltung eines hohen, die Liturgiefeier fördernden Kulturgutes. Ich finde das wunderbar, wenn eine kleine Landgemeinde, in der es außer einem Organisten und einem Flötisten keinen aktiven Musiker gibt, den auch in seinen einfachsten Formen herrlichen Gregorianischen Choral singen kann. Diesem gegenüber sind unsere Lieder halt doch ein bißchen trivial.

Am meisten lieben wir im südlichen Bayern natürlich nach wie vor die *klassische lateinische Orchestermesse*. Aber wer singt und spielt eine für uns? Lästig wurde einst diese Form der Feier, wo sie Sonntag für Sonntag exklusiv praktiziert wurde. Dahin wollen wir sicher nicht zurück, zumal die Aufführungsqualität vielfach miserabel war. Aber wenn ein Fest wirklich ein Fest sein soll, muß man die Wünsche der Menschen über die Gestaltung entscheiden lassen, und diese Wünsche sind in unseren Breiten immer noch recht eindeutig.
Zu selten wird meines Erachtens von der Möglichkeit Gebrauch gemacht, einmal *ein zweites Instrument mit der Orgel* spielen zu lassen. Einzelne gute Solisten gibt es fast überall. Instrumentalstücke eignen sich besonders für die Zeit nach der Lesung, während der Tischbereitung und während des Mahles. Gregorianik, ein guter Organist, ein guter Solist auf einem anderen Instrument, ein guter Chor, eine sehr gute Schola, das sind die Möglichkeiten, musikalisch einmal nicht trivial zu sein.
So sehr ich hier Stil und Qualität schätze, ja liebe, so wenig möchte ich doch puritanisch oder akademisch werden in musikalischen Dingen, wenn es um Liturgie geht. Die öffentliche Sonntagsliturgie ist für alle da, soll also einem eher breiten Geschmack entsprechen. Von daher fürchte ich *A-cappella-Gesänge,* Kantoren und Scholen; nicht *in genere,* aber aus Erfahrung. Unseren radiogewohnten Kirchgängern sind so strenge, schon gar dünne Gesänge nicht zugänglich und nicht zuträglich. Machen wir Musik mit Herz.
So wenig ich für deutsche Gottesdienste mit lateinischem Ordinarium bin, so sinnvoll und zugänglich finde ich mehrsprachige Gottesdienste bei mehrsprachigen Gemeinden. Wenn irgendwo Ausländer mittun, darf es in der Liturgie auch einmal eine babylonische Vielfalt geben. Dann spürt man die Internationalität der Kirche (wie in Taizé).
Für *Jugendgottesdienste* gibt es bekanntlich noch ganz andere Formen, auf die hier nicht weiter einzugehen ist, von der begleitenden Band bis zum solistisch vorgetragenen Chanson. Auch ältere Menschen hören da manchmal recht gern zu, tun auch gern mit. Bei Jugendgottesdiensten wird – wie erwähnt – auch gern englisch gesungen. Das finde ich zuträglich, da Englisch für die Jugend unserer Zeit längst zur Musiksprache geworden ist.

Neuerdings kommen – von Taizé her – auch sehr ruhige, sehr redundante, meditative Formen von Musik und Gesang in den bisher eher hektischen Jugendgottesdiensten auf. Da sehe ich auch eine große Chance für die Feier der erwachsenen Gemeinde.
Bei neuen wie bei alten Liedern gibt es allerhand Probleme mit dem Text. Die »alten Lieder« im Gotteslob sprechen oftmals eine Sprache, die man ehrlicherweise nicht mehr mitvollziehen kann. Schon die schönen alten Adventslieder bereiten da Schwierigkeiten. Nr. 107: »Die Zweiglein der Gottseligkeit ...« Nr. 110: »Des jauchzen wir und singen dir ...« Außerdem betonen fast alle Advents- und Weihnachtslieder die dogmatische Interpretation über Gebühr.
Dann Nr. 160: »Laß blühn der Gnade Keim«. Nr. 179: »Ich, ich hab es verschuldet, was du getragen hast«. Nr. 187: »Zuerst sprach er gar liebereich zum Vater in dem Himmelreich ... in seiner Schmerzen Grimme«. Nr. 188: »O heiße Zähr, fließ immer mehr!«. Nr. 218: »Verleihe, was uns selig ist« usw.
Die Fremdheit dieser Texte hat sicher verschiedene Motive. Jedenfalls wäre eine gründlichere Textrevision wünschenswert gewesen, was freilich zum Teil auch zusätzliche ökumenische Schwierigkeiten geschaffen hätte.
Andere Probleme schaffen die Texte vieler neuer, »rhythmischer« Lieder. Deren Texte sind zwar unserem Leben meist um ein gutes Stück näher; oft fehlt es hier aber am guten Geschmack. Die bekannte Spiritual-Betextung »O Herr, wir rufen alle zu dir« entgleist schon bald zu: »Ich tanze vor Freude, ich hab mein Vergnügen.« Nun, ein Vergnügen ist auch dieses Eingangslied einer Meßreihe nicht für alle. Aber darüber ist schon anderwärts genug geschrieben worden. Zudem gibt es inzwischen Neueres und Besseres. Das »Gotteslob« allerdings kann man sobald nicht wieder revidieren; man muß zufrieden sein. In diesem Bereich haben die romanischen Lander mit ihren Lose-Blatt-Sammlungen große Vorteile. Ihre Lieder sind variabel und können immer aktuell sein. Irgendwann werden auch wir wieder damit beginnen müssen, Alternativen zum »Gotteslob« zu sammeln. Aber derzeit tun wir wohl gut daran, uns dessen zu bedienen und uns an dem zu freuen, was wir haben. Es wäre aber kein Schaden, wenn jeder interessierte Liturge oder Helfer sich ein »Gotteslob« und je ein

Exemplar der gebrauchten Singhefte auf die Seite legte und von Fall zu Fall mit Verbesserungsvorschlägen versähe. Solche Vorschläge sind zwar schon im Zuge der Endredaktion für das »Gotteslob« offiziell erbeten und auch berücksichtigt worden. Aber unsere Sprache ändert sich ständig.

6. Reverenzen

Während die Ministranten in vielen Kirchen recht gut wissen, wann und wo sie eine Referenz zu machen haben, wie man eine Kniebeuge macht usw., fehlt es bei Vorlesern, Laienpredigern und Kommunionhelfern in diesen Fragen oft weit. Vorleser sollen sich vor und nach ihrer Lesung zum Zelebrationsaltar hin verneigen, oder aber die Referenz ganz unterlassen. Kniebeuge ist während dieser Zeit des Gottesdienstes keinesfalls vorgeschrieben und wird von Ungeschulten meist unschön ausgeführt; das stört. Auch Referenz in Richtung Tabernakel oder sonstwohin ist zu unterlassen.

Liest ein anderer als der Priester das Evangelium, dann soll aber auch dieser den Ritus wahren: Gebet *(Munda cor)* vor dem Altar und Segensbitte vor dem Priester. Beim Beten des *Munda cor* denke ich persönlich weniger an die folgende Lesung, sondern mehr noch an die folgende Predigt. Predigt ein Laie, so hat auch er ohnehin soviel Grund wie die Priester, vor diesem schwierigen Dienst zu beten.

7. Bewegungsabläufe und Tanz

Die übliche Meßfeier hat mit Tanz mehr gemeinsam, als auf den ersten Blick scheint. Der Zusammenhang wird dann recht deutlich, wenn die Bewegungsabläufe einmal nicht stimmen, wenn z. B. Ministranten mit zu groben Schuhen in der Kirche herumpoltern, zu große Schritte machen, zu schnell gehen, schlampig gekleidet sind, das Kreuzzeichen hastig oder falsch machen, bei der Kniebeuge umschauen, usw. Die Liturgen sollen der Gemeinde nichts vormachen, aber sie sollen in ihrem ganzen Verhalten ausdrücken, daß hier etwas Wichtiges, etwas Ernstes, etwas in die Tiefe Gehendes geschieht, und daß sie niemanden stören wollen.

So ergibt sich ein kontrollierter, ausdrucksbestimmter Bewegungsablauf, eine Art Tanz.

Nicht nur in Afrika und ähnlich urtümlichen Gesellschaftsformen wird beim Singen »wirklich« getanzt. Auch in der mittelmeerischen Antike scheint der Tanz beim Gottesdienst eine große Rolle gespielt zu haben. Auch David tanzte vor der Bundeslade.

Ritueller Tanz im Gottesdienst wäre allerdings bei uns steifen Zivilisationsbürgern eine Art »Einlage«, ein zusätzliches Element. Beim Eucharistischen Weltkongreß in München wurde wiederholt bei der Messe oder vor ausgestelltem *Sanctissimum* getanzt. Solcher Tanz übernimmt dann eine ähnliche Funktion wie die Predigt oder die stille Anbetung. Das Gleichnis vom verlorenen Sohn z. B. kann nicht nur in der Predigt ausgelegt werden (was schon oft genug geschehen ist), sondern auch in einer Pantomime dargestellt werden.

Ebenso wichtig ist, daß auch die Gottesdienstbesucher, die nicht zum liturgischen Dienst gehören, sich in der Kirche zu bewegen wissen. Wer zu spät kommt, soll wissen, daß er sich eigentlich nur noch still einschleichen kann. Wer eine Kniebeuge machen will, soll wirklich eine Kniebeuge machen, langsam und ehrfürchtig, wenn auch nicht aufdringlich. Viele deuten aus Verschämtheit die Kniebeuge nur an, und bringen es dann nur bis zu einem lächerlichen Hupfer. Da ist eine Verneigung unbedingt vorzuziehen.

In diesem Zusammenhang möchte ich auch auf die Garderobenfrage kurz hinweisen. Eine Veranstaltung, in der man im Mantel teilnimmt, wird immer ungemütlich wirken. Leider sind nur wenige Kirchen so gebaut und so gut heizbar, daß man auf die Mäntel verzichten kann. Hier kann man wohl nur Wünsche für die fernere Zukunft anmelden.

8. Brot und Wein

Über die Art von Brot, wie sie bei unseren Eucharistiefeiern verwendet wird, gibt es eine ganze Reihe teils recht grausiger Witze. Die Sache birgt also Probleme. Die sogenannten Brothostien haben die Situation sicher erträglicher gemacht. Eine weitere Entwicklung blockiert im Augenblick noch das Verbot des gesäuerten Brotes für die lateinische Liturgie, dem das Verbot des ungesäuerten Brotes für die östliche Liturgie gegenübersteht. Das beliebige Gegeneinander widersprechender Verbote weist allerdings darauf hin, daß wir es hier nicht unbedingt mit Vorschriften zu tun haben, die von der Sache her notwendig sind. Daran ändert auch die exegetische Problematik im Hintergrund nicht viel. Ein schlimmes Sakrileg wäre die Verwendung der jeweils inkriminierten Brotsorte sicher nicht.

Das gemeinsame Weintrinken verlangt eigentlich einen überschaubaren Raum und eine einigermaßen heimelige Atmosphäre. Das bedingen schon die hygienischen Probleme. Beim Gottesdienst in der Großgruppe läßt sich daher gegen den Entzug des Kelches nichts Entscheidendes einwenden. Andererseits machen uns die nichtkatholischen Kirchen allesamt vor, daß die Kelchkommunion auch in großen Kirchen möglich ist. Zwar wird wohl nirgendwo so fleißig kommuniziert wie bei uns; aber immerhin, nirgendwo scheint es gänzlich unmöglich, den Kelch zu reichen. Für die Praxis empfiehlt sich der wohlerprobte (auch für Jugendliche sehr eindrucksvolle) lutherische Ritus.

Wenn es um die eucharistische Speise geht, taucht bald auch die Frage der Verunreinigung und der Verluste auf. Die vorkonziliare Liturgie war in diesem Punkt penibel bis zum Äußersten. Auf dem Zweiten Vaticanum hat sich dann die Meinung von *Michael Schmaus* durchgesetzt, Brot und Wein sei nur, was man auch noch schmecken kann. Dazu braucht es schon optisch ansehnliche Quantitäten. Für die Praxis genügt es wohl, die liturgischen Bestimmungen einzuhalten; dann kommen dogmatische Diskussionen erst gar nicht auf. Davon abgesehen darf man wohl davon ausgehen, daß Jesus beim Letzten Abendmahl mit Brot und Wein umgegangen ist, wie man mit Brot und Wein eben umzugehen pflegt, und sich bei Tropfen und Krümeln nicht aufgehalten hat. Aber »um der Schwachen willen« bin ich doch für eine betont säuberliche Praxis.

9. Messe im Freien

Vorschriftsmäßig soll die Messe immer in einer Kirche gefeiert werden, zumindest wenn es sich nicht um die Feier einer

Kleingruppe handelt, die natürlich intimere Räume braucht. Andererseits erfreut sich die Feldmesse großer Beliebtheit, nicht nur im süddeutschen Raum. So etwas kann man natürlich als romantisch, heidnisch, naturreligiös abtun. Aber nehmen wir unsere Maßstäbe vom Ursprung der Messe, von den Freundschaftsmählern Jesu und vom Letzten Abendmahl her, dann sieht wohl jeder sofort, daß tempelähnliche Gebäude wie unsere Kirchen an sich nicht unbedingt das Passendste darstellen. Erst die Entwicklung der Eucharistiefeier in Richtung auf die alttestamentlichen oder heidnischen Opferfeiern brachte die Eucharistiefeier in Räume, die wir heute als Kirchen bezeichnen. Ein Freundschaftsmahl kann man auch im Freien halten. Der Film *Jesus Christ, Superstar* verlegte sogar das Letzte Abendmahl ins Freie und hat dieses Abschiedsmahl meines Erachtens glaubwürdiger dargestellt als selbst die Gemälde der berühmtesten Maler. Ein Picknick hat jedenfalls mit einem Festmahl mehr gemeinsam als ein fremdsprachiger Ritus in einer riesigen Halle, bei dem es rein gar nichts zu Essen und zu Trinken gibt oder eben nur eine kleine Oblate. Wenn das Wetter mittut, ist die Messe *sub divo* sicher eine legitime Form. Da mit dem heiligen Petrus aber keine Verträge geschlossen werden können, halte man zumindest einen Baldachin bereit. Dafür kann man natürlich bei größeren Veranstaltungen den Baldachin von der Fronleichnamsprozession benützen, den vier Männer ohne Schwierigkeit eine Stunde aufrecht halten können. Macht dann der Wind zu schaffen, wird die Sache allerdings problematisch. Einige hausbackene Ratschläge aus bayerisch-barocker Erfahrung: Notfalls befestige man die Altartücher mit Reißnägeln, beschwere man die aufgeschlagene Seite der Bücher mit Steinen, überdecke man die Hostie mit einem Glassturz (Salatschüssel) und verzichte man auf die Kommunionausteilung. Beim Eucharistischen Kongreß in München wurden die Hunderte von Ziborien mit zwei Plexiglasdeckeln zugedeckt, die je einen offenen Sektor aufweisen und gegeneinander verschiebbar sind. Diese Zurüstung hat sich bestens bewährt. Kommentar von Paul VI.: *Tedesci inventano tutto* – Die Deutschen erfinden alles. Was bringt die »Feldmesse« über die Mißtrauen erweckende Romantik hinaus? Die Möglichkeit der Teilnahme für nahezu beliebig viele Menschen; die Freude, die wir auch bei einem Picknick empfinden; ein Gefühl der Freiheit, der

Geborgenheit ohne bergendes Haus, ein Gefühl für die Nähe des Schöpfers; Abwechslung im liturgischen Alltag; eine Art offizielle Anerkennung für Naturfrömmigkeit.

10. Zur Atmosphäre

Nach der Beschäftigung mit allerhand Detailfragen bleibt noch, unter dem Stichwort »Atmosphäre« einiges allgemeine zu sagen. »Atmosphärische Störungen« gibt es bei fast allen Gottesdiensten: Orgeln, die den Gesang laut begleiten, Lautsprecher, welche die Stimme des Organisten allzusehr hervorheben, laute Türen, laute Fußböden, hastige Ministranten und Mesner, ungepflegt sprechende Zelebranten, Hetze und – wie eingangs beklagt – informative Überlastung, Wortschwall. Gottesdienst braucht – da sind sich wohl alle einig – Ruhe, Feierlichkeit, Würde, Wärme, Ungestörtheit. Das soll nicht heißen, daß es im Gottesdienst nicht auch einmal laut hergehen darf. Kirchenmusik muß nicht immer leise sein. Wo an die Stelle der Predigt einmal ein Gespräch tritt, darf es auch Gegensätze geben. Aber das ganze muß eine Atmosphäre umgeben, die es dem Teilnehmer gestattet, ungestraft Gefühle zu entwickeln. Der heutige Christ kommt ja nicht mehr aus der Stille des Alltags in den festlichen Gottesdienst. Er kommt aus einem meist viel zu lauten Alltag und sucht zunächst einmal Stille und Geborgenheit. Es hilft ihm, wenn schon vor Beginn der Messe in der Kirche leise Musik zu hören ist, wenn die nötigen Vorbereitungen wie Kerzen anzünden und Geräte aufstellen nicht nur schnell und routiniert, sondern ruhig und ehrfürchtig vor sich gehen.

Bitten wir einmal jemanden, unseren Gottesdienst abzuhören, anzuschauen und seine Eindrücke und Gefühle zu notieren. Was für diesen einen hilfreich oder schädlich war, war es vielleicht auch für andere.

Im übrigen muß man sich darüber im klaren sein, daß die gute Atmosphäre sich nicht verordnen läßt, auch nicht allein an der Persönlichkeit des Zelebranten hängt. Die Atmosphäre ergibt sich zunächst einmal aus der Summe der Details, aus deren Harmonie oder Widersprüchlichkeit.

IV. Weiterführende Gedanken

1. Verhältnis zur Tradition

Die Abendmahlsliturgie in den großen Kirchen stellt sich durchwegs sehr traditionell dar. Traditionell in dem Sinn, daß bei der jeweils herrschenden Praxis wie bei gelegentlichen Reformen vor allem das Gewordene gilt, weniger der Ursprung. Man wird bei kirchlichen Behörden wenig Ehre einlegen, wenn man gegen die vorgeschriebene Praxis einwendet, beim Letzten Abendmahle habe man doch um einen ganz gewöhnlichen Tisch gesessen, beim Letzten Abendmahl gab es doch auch Fleisch und Gemüse und beim Letzten Abendmahle war die Kleidung nicht vorgeschrieben usw. Es geht offensichtlich bei der Feier unserer Eucharistie nicht nur um die Erfüllung des Auftrags *Tut dies zu meinem Gedächtnis;* es geht schon um dieses auch, aber zugleich eben auch um vieles andere. Damit kommen wir allerdings auf ein äußerst heikles Thema: Das geht allein schon daraus hervor, daß die Liturgiewissenschaft sich gegenüber diesem Thema im allgemeinen sehr zurückhält. Lassen wir es nicht dabei. Versuchen wir einmal einen Anstoß zur neuen Beschäftigung mit der Frage zu geben. Was beabsichtigt (zunächst einmal) unsere katholische Kirche, wenn sie unsere Eucharistie anders feiert als Jesus das Letzte Abendmahl? Auf den ersten Blick bieten sich folgende Antworten an:

a) Die katholische Eucharistiefeier erweitert die mögliche Teilnehmerschaft über das hinaus, was als historisierender Nachvollzug des Letzten Abendmahls möglich wäre. Eine katholische Messe kann man in einer riesigen Halle, ja auf einem öffentlichen Platz mit einer Million Teilnehmer halten. Gastmähler, wie sie Jesus selbst geliebt und gehalten hat, lassen sich nur mit einem ungeheuren Aufwand für wenigstens einige hundert Personen vorbereiten. Das symbolische Mahl, nochmals auf das Symbol eines Mahls reduziert, läßt sich jedoch mit überzeugendem Erfolg zur Massenveranstaltung machen. Mir selbst kommt hierbei der Eucharistische Weltkongreß in München in Erinnerung, mit seiner großen Meßfeier auf der Theresienwiese. Von Sinn und Atmosphäre her war das wirklich ein überzeugend gefeiertes

Freundesmahl für eine Million Menschen. Die intime Form der schlichten Feier vom Abend vor Jesu Tod so weit zu abstrahieren, daß sie schließlich zu so einem großen Fest werden kann, stellt eine respektable und wichtige Leistung dar, deren Bedeutung hier nicht geschmälert werden soll. Zu dieser liturgiegeschichtlichen Leistung, Eucharistie in der Großkirche möglich zu machen, gehören die weit sichtbaren Festgewänder, die großen Räume, die kommunikativen Großformen, die Streichung der Zuspeisen und schließlich die Verweigerung des Kelches. Problematisch wird diese Form meines Erachtens vor allem an den Werktagen und in den Hauskapellen, wo eine Gemeinschaft von 20 oder 10 oder gar nur zwei Personen alle diese Anpassungen an die Menschenmassen der Volkskirche unbesehen übernimmt, entweder aus Gewohnheit oder aufgrund der liturgischen Gesetzgebung, die sich in solchen Fällen als Feindin ihres eigenen Zieles erweisen kann. Zu den Ruhmesblättern des Zweiten Vaticanums und der nachkonziliaren Bewegung gehört, daß ein Direktorium für eine Eucharistiefeier im kleinen Kreis geschaffen wurde. Schade und unverständlich, daß dieser Ritus so selten verwirklicht wird. Welche Motive halten eigentlich davon ab, sich bei der werktäglichen Eucharistiefeier im kleinen Kreis nach diesem Direktorium zu richten? Warum bleibt die neugeregelte Eucharistiefeier im kleinen Kreis das Privileg der wenigen Mitglieder kirchlicher Intimkreise und Avantgarden? Über die Gründe kann man hier nur Vermutungen anstellen. Als besonders gewichtiger Grund läßt sich jedoch vermuten, daß man sich eben an den überlieferten Ritus halten will. Und dies mit Recht. *Konrad Lorenz* hat aufgrund seiner Versuche überzeugend dargetan, daß Änderungen überkommener Riten starke Aggressionen hervorrufen. Aber auch eine sinnvolle Traditionstreue im Rituellen allein erklärt die herrschende Praxis noch nicht hinreichend. Es fehlt mir da auch das Interesse an einer allmählichen Änderung des überkommenen *Status quo.* Es fehlt mir da, daß unproblematische Chancen z. B. in Ordensgemeinschaften wahrgenommen würden. Wir werden also noch nach weiteren Motiven für das Beharren auf der massenkirchlichen Form fragen müssen. Zunächst aber wollen wir auf die sinnvoll gegebene und wenig genützte Möglichkeit, welche das Direktorium für die Eucharistiefeier in kleinen Gruppen gegeben hat, mit Nachdruck hinweisen.

b) Zu weiteren Einsichten führt vielleicht folgendes: Die Messe, wie sie vor Pius X. allgemein üblich war, erinnerte kaum noch an das Letzte Abendmahl – kein Tisch im üblichen Sinne, keine zu Tische Liegenden oder Sitzenden, keine Speise, kein Trank, kein Tischgespräch, überhaupt kein verständliches Wort. Was bei dieser Feier irgendwie an das Letzte Abendmahl erinnern konnte, blieb dem »zelebrierenden« Priester allein vorbehalten: die Abendmahlsgeschichte, welche für das gläubige Volk längst zur »Heiligen Wandlung« verflüchtigt war, zur geheimnisvollen Stille mit folgender »Elevation« samt Schellenklängen, Silbertrompeten oder Böllerschüssen. Als Pius X. die Feier der Eucharistie endlich aus ihrer babylonischen Gefangenschaft zurückzuholen begann, enthielt das erste deutsche Meßbuch von *Anselm Schott* die zentralen Wandlungsworte nicht. Diese Auslassung wurde damit begründet, daß gerade diese Worte nur im Mund des zelebrierenden Priesters Sinn hätten. Die Abendmahlsgeschichte wurde der Gemeinde auch weiterhin vorenthalten. Als junger vorkonziliarer Kaplan pflegte ich unermüdlich die Schüler der letzten Schulklassen danach zu fragen, was der Priester eigentlich bei der heiligen Wandlung sage. Ich bekam eigentlich kaum einmal eine einigermaßen richtige Antwort. Die Messe blieb also auch nach Pius X. ein mehr oder minder unverständliches Hokuspokus und sollte es, nach dem ersten Schott zu schließen, auch bleiben. Vom Volk weggewandte Priester, geheimnisvolle Worte, Weihrauchwolken, Altar und Gotteshaus – das alles deutet natürlich auf Opfer im Sinne des Alten Testamentes und der heidnischen Religionen, also in Richtung auf eine liturgische Tradition, die Jesus wohl gekannt, für die er aber nichts übrig hatte. Jesus ging zwar in den Tempel, aber in die Halle Salomons, in der gelehrt und diskutiert wurde. Dort fühlte er sich in seinem Element, obwohl er nicht akademisch gebildet war. Die Opferfeiern im Tempel selbst haben ihn nicht interessiert, wahrscheinlich sogar abgestoßen. Jedenfalls lesen wir nirgends, daß er sich daran beteiligt oder ein gutes Wort darüber verloren hätte. Unsere traditionelle Meßfeier aber hat den Nachvollzug des Letzten Abendmahles über die Grenze des Erträglichen hinaus dem alttestamentlichen Tempeldienst angepaßt, man könnte auch sagen, dem römischen Tempeldienst. Die Unterschiede sind da nicht sehr groß. Die geschichtliche Entwicklung hat schließlich den *Fauxpas* vom Abend des Gründonnerstags, wenn man so sagen darf, fast gänzlich wieder wettgemacht. Da gibt es wieder Priester wie einst in Jerusalem, in Rom und überall; da gibt es wieder steinerne Altäre, Opfer, die man zur eigenen Schonung darbringen kann. Da gibt es wieder den Abstand zwischen den wissenden Priestern, den Mystagogen, den Haruspices, den Auguren, den Sacerdotes auf der einen Seite und dem unwissenden hilflosen Volk auf der anderen. Da gibt es wieder Weihrauch und Paukenschlag, unverständliche Sprache und unverständliches Ritual. Warum ist all das eigentlich zurückgekehrt? Die alttestamentlichen oder heidnischen Opfer stabilisierten vielleicht weit besser als der anspruchslose Ritus des Letzten Abendmahls ein klerikales System. Je größer der Abstand zwischen dem Laien und dem Fachmann sich darstellt, zwischen den Eingeweihten und dem Volk, um so unentbehrlicher, um so sicherer in ihrer Rolle und in ihrem Lebensunterhalt sind die Spezialisten. Es darf sicher niemandem unterstellt werden, er habe eine Art Rückkehr zu heidnischen Kulten bewußt oder aus selbstsüchtigen Gründen in die Wege geleitet oder gefördert. Aber daß mehr oder minder unbewußt solche Motive eine Rolle gespielt haben, wird man nicht bestreiten können.

Darüber hinaus stellt wohl die Innovation vorchristlicher Formen eine Anpassung an Gewohnheiten und Wünsche der seinerzeit zu bekehrenden Völker dar. Solche Anpassung kann freilich so weit gehen, daß nicht die Völker sich zum Glauben der Missionare bekehren, sondern umgekehrt. Man wird mir nicht vorwerfen, daß ich der Feier des traditionellen Gottesdienstes kein Verständnis oder kein Interesse entgegenbringe. Der größte Teil dieses Buches ist ja dieser Art von Gottesdienst und seinem sinngerechten Vollzug gewidmet. Aber die Zukunft wird anderen Formen gehören.

2. Messe in Kleingruppen

In diese Zukunft weist das genannte bischöfliche Direktorium für die Feier der Eucharistie in Kleingruppen. Erstaunlicherweise spielt diese Form der Feier in der Literatur keine oder eine äußerst geringe Rolle. Sicher spielt sie auch in der Praxis eine viel zu geringe Rolle. Überall richtet sich die normale Werktagsmesse in der gewöhnlich kleinen Gruppe nach dem Missale der Gesamtgemeinde. Warum?

Die »Richtlinien für die Meßfeier kleiner Gemeinschaften« gestatten, statt der Kirche zunächst einmal einen »anderen, würdigen Raum« zu wählen, der für solche Feier geeignet ist, sogar einen Wohnraum. (Diese Erlaubnis suchte ein norddeutscher Bischof kürzlich zurückzunehmen, was man wohl nicht für ganz verbindlich halten kann.) Der Raum soll festlich geschmückt sein mit Blumen und Kerzen; als »Altar« kann ein »gewöhnlicher« Tisch verwendet werden. Als liturgische Gefäße sind Hostienschale und Kelch zu verwenden, die freilich nicht die gleichen sein müssen wie bei der Feier der Großgemeinde. Diese Gefäße sind »am Ende der Feier« zu purifizieren, was nicht heißt, daß sie innerhalb der Feier purifiziert werden müssen. Die Teilnehmer dürfen zu Tische sitzen, aber »wenigstens beim Hochgebet soll man stehen bzw. knien«. Knien kann man freilich nicht gut um den gewöhnlichen Tisch. Bei der liturgischen Kleidung des Zelebranten wird auf Vollständigkeit Wert gelegt, aber »in außergewöhnlichen Fällen« die Stola als ausreichend angesehen. Das ist also wirklich großzügig geordnet. Freilich soll die sonstige Kleidung des Zelebranten zur Stola passen, also nicht in einem bunten Einreiher bestehen. Meist wird ohnehin eine Art moderner Kasel gut in den angegebenen Kontext passen.

Die Regeln über den Verlauf der Feier erwähnen die Möglichkeit, daß sich die Messe an eine andere Veranstaltung anschließen kann und erwähnen dabei auch, daß das Vorausgegangene schon als Eröffnungsritus angesehen werden kann. Sinnvolle Bedingung dafür ist, daß das Vorausgegangene geeignet erscheint, »die zusammenkommenden Gläubigen zu einer Gemeinschaft zu verbinden und sie zu befähigen, in rechter Weise das Wort zu hören und würdig die Eucharistie zu feiern« (Allgemeine Einführung ins Meßbuch Nr. 24). Leistet z.B. eine vorausgehende Problemerhebung, ein Singkreis, eine gemeinsame Mahlzeit diesen Dienst, so können alle anderen Einleitungsriten wie Kyrie und Gloria entfallen. »Der zelebrierende Priester wird aber auch dann durch eine Einführung den liturgischen Charakter der jetzt beginnenden Feier hervorheben.« Die Oration darf er situationsgerecht umformulieren.

Geht der Messe keine andere Veranstaltung voraus, die als Einführung in die Eucharistiefeier fungieren kann, dann ist aus den üblichen Einleitungsriten Passendes auszuwählen, nach Maßgabe der allgemeinen Einführung. Der Priester soll aber weder hier noch bei der Auswahl des Meßformulars und der biblischen Lesungen allein handeln. Die kleine Gemeinde soll bei der Vorbereitung mitwirken und mitentscheiden. Die Richtlinien gestatten also, die Feier auf eine durchaus humane, anpassungsfähige Weise zu beginnen. Ebenso dürfen die biblischen Lesungen situationsgerecht ausgewählt werden, eine Freiheit, die man sich allerdings auch in der Großgemeinde nicht ganz nehmen lassen kann. *Salus animarum suprema lex.* Allerdings soll auch in der Kleingruppe immer eine Lesung aus den Evangelien genommen werden und am Sonntag »im allgemeinen die Lesungen vom Tage«. Auch diese Vorschrift ist in sachgerechter Großzügigkeit formuliert. »An die Stelle der Zwischengesänge kann auch eine Meditationsstille treten«, an die Stelle der Predigt ein Gespräch. »Die Fürbitten können von den Teilnehmern formuliert und vorgetragen werden«, sollen aber über das Persönliche hinaus »die allgemeinen Anliegen« berücksichtigen. Die Gabenbereitung soll in Stille oder mit Gesang geschehen. Das eucharistische Brot soll »so beschaffen sein, daß der Priester es in mehrere Teile brechen kann, die er den Gläubigen reicht«. Wenn wir's doch so hielten! Selbst der Hinweis auf das gebräuchliche ungesäuerte Brot ist nicht als Vorschrift gestaltet. Von Bräuchen aber darf man in begründeten Fällen abweichen.
Beim Hochgebet wird nur auf die Möglichkeit hingewiesen, die Teilnehmer zu Beginn Dankesmotive vorbringen zu lassen. »Dann beginnt mit der Präfation das Hochgebet nach den vorgeschriebenen Texten.« *Orate fratres* und *Secreta* entfallen also. In punkto Hochgebet ist das Direktorium allerdings rigid. Die vormittelalterliche Freiheit wird nicht einmal der Kleingruppe zugestanden. Hier ist sicher nicht nur weise Vorsicht gegenüber dilettantischen Versuchen am Werke, sondern mehr, vielleicht auch eine gewisse Magie der Formeln.
Beim Friedensgruß wird erwähnt, daß die »brüderliche Liebe und Verbundenheit« auch schon zu Beginn der Feier zum Ausdruck gekommen sein kann. Dann soll sie vor der Kommunion sinnvollerweise nicht wiederholt werden.

»Die Kommunion unter beiden Gestalten ist gerade in einer Meßfeier im kleinen Kreis angezeigt«, also in der Kleingruppe immer gestattet. Über die Form ist nur angegeben: »Dabei sollen alle aus dem einen Kelch trinken, soweit das praktisch möglich ist.« Man wird also auch die Schale mit dem Brot kreisen und jeden sich selbst bedienen lassen dürfen. Das Trinken aus dem einen Kelch würde ich allerdings nur dann für möglich halten, wenn die Runde nicht gar zu sehr überaltert ist. Nach dem Mahle sind Stille, Gesang und von den Teilnehmern formulierte »Gebetstexte« vorgesehen, dann das Schlußgebet des Priesters und Segen, »gegebenenfalls der Übergang zum nachfolgenden Zusammensein der Gruppe«, das sich freilich deutlich von der Meßfeier abheben soll. Ich sage an dieser Stelle gern »Bleibet hier in Frieden!« und erreiche damit einen sowohl heiteren wie deutlichen Abschluß und auch einen zwanglosen Übergang. Aber das ist natürlich ein Gag.

3. Christliches Mahl und Eucharistie

Kleingruppen feiern allerdings in priesterlosen Notsituationen ihren gemeinsamen christlichen Glauben anderswo noch viel einfacher.

Da halten priesterlose Gemeinden in irgendeinem entlegenen Winkel der Welt, die weder Brot noch Wein zur Verfügung haben, ein schlichtes Mahl mit irgendwelchen Früchten und einer Kanne Wasser. Und sie erinnern sich dabei, so gut sie es vermögen, an ihre Zusammengehörigkeit im gemeinsamen Glauben, sie erinnern sich an Jesus und das Letzte Abendmahl. Sie rufen Jesus in ihre Mitte, der da gesagt hat: »Wo zwei oder drei in meinem Namen versammelt sind, da bin ich mitten unter ihnen.« Wer will bestreiten, daß er auch in ihrer Mitte sein kann? Aber fangen wir nicht beim Extrem an! Viele christliche Familien heiligen auch heute noch ihr tägliches oder sonntägliches Mahl mit einem kurzen Tischgebet »Komm Herr Jesus und sei unser Gast ...« Ein solches Gebet macht das gemeinsame Mahl ohne Zweifel ein Stück näher zur Eucharistie. Man kann nur bedauern, daß es zwischen dieser einfachsten Form und der offiziellen Hochform eigentlich keine Zwischenstufe mehr gibt. Der heilige *Ignatius von Loyola,* der Gründer der Jesuiten, verlangt zwar in seinem Exerzitienbüchlein, daß der Christ sich bei jeder Mahlzeit in das Letzte Abendmahl versetze; sich vorstelle, er sitze mit Jesus zu Tisch; er sehe, wie dieser um sich blickt usw. Niemand könnte verbieten, daß eine Gruppe von Gläubigen in dieser Richtung noch ein paar Schritte weiter geht. Daß etwa über Brot und Wein ein besonderer Segen gesprochen werde, daß jemand sage: »Wir denken jetzt an das Letzte Abendmahl.« Sollten solche Bräuche sich entfalten, so wird es sich vielleicht als notwendig erweisen, gewisse Unterscheidungsmerkmale zwischen solchen Formen und der offiziellen sakramentalen Liturgie festzulegen. Besser wäre es freilich, es brauchte derlei nicht. Denn Jesus hat nicht zum erstenmal mit seinen Freunden heiliges Mahl gehalten an dem Abend bevor er litt. Wegen seiner leidenschaftlichen Liebe zu religiös bedeutungsvollen Mählern mit Freunden und Feinden, mit Huren und Sündern, war er schließlich als Fresser und Säufer verschrien. Wir würden ihm zu Unrecht etwas nehmen, wenn wir ihm unterstellten, er habe mit Zöllnern und Sündern gegessen, nur um mit ihnen ins Gespräch zu kommen. Das Freundschaftsmahl mit den Ausgestoßenen war für ihn Vorausnahme, ja Anbruch des kommenden Gottesreiches. An jedes dieser Mähler erinnert die christliche Eucharistiefeier. An jedes dieser Mähler soll jedes Mahl unter Christen erinnern. Der Bezug des Letzten Abendmahles zum Tode Jesu setzte freilich einen neuen, einen besonderen und einmaligen Akzent. Aber der ist in tausend Büchern und in der offiziellen Lehrverkündung der Kirche gewürdigt worden. Man hat ihn vielleicht sogar überinterpretiert.

4. Charismatische Messe

Je mehr die sonntägliche Dreiviertel-Stunden-Messe an Selbstverständlichkeit verliert, um so freier werden wir, auch einmal aus gegebenem Anlaß eine ausgiebigere Eucharistiefeier im kleineren Kreise zu begehen. Daß und wie dies möglich ist, haben uns in den letzten Jahren charismatische Gruppen überall vorgemacht. Eine ihrer Messen kann bis zu drei Stunden dauern. Was tun diese Gruppen eigentlich so lange? Erstens lassen sich solche Gemein-

schaften überhaupt für ihre Feier Zeit. Am Anfang wird schon einmal mehr gesungen als nur zwei oder drei Liedstrophen. Dann folgt vielleicht eine ausführliche Einführung. Der stillen Gewissenserforschung kann ein öffentliches Schuldbekenntnis folgen, bei dem, wer will, vor den anderen sagt, wodurch er gefehlt hat; eine öffentliche Beichte. Man betet dann besonders für die Bekennenden. Das Kyrie kann zu einer langen Litanei werden, die auch durch spontane Beiträge ergänzt wird. Vor allem wird nach »Lasset uns beten« eine lange Gebetspause eingelegt. Man betet dann meist halblaut. Das zusammenfassende offizielle Gebet des Zelebranten am Schluß wird so zu dem, was es eigentlich immer sein sollte: zur *collecta*, zur Zusammenfassung aller Bitten, die aus dem Kreis der Gemeinde zum Himmel geschickt werden. Dann wird in die erste Lesung eingeführt. Der Lesung selbst folgt zunächst Stille, erst dann ein Antwortgesang. Besonders gern und reich wird das Halleluja ausgestaltet. Dem offiziellen Gesang folgt vielleicht noch ein Kanon, dann »freies Singen«. Jeder singt, sich auf das Evangelium vorbereitend und dafür schon dankend, vor sich hin, jeder, wie er will, und die Gruppe findet dabei einen Dreiklang, der in Halb- und Vierteltönen umspielt werden kann. Nach einiger Zeit drängt vielleicht jemand in Richtung auf die Quinte und alle folgen zu diesem Akkord und schließlich wieder zurück. Das freie Singen ebbt ab. Jetzt kann laut ein Solist seine Stimme erheben, vielleicht in einer glossolalischen Sprache. Die Übersetzung folgt möglicherweise. »Insider« nennen dieses freie Singen das Barometer des Heiligen Geistes. Je freier und harmonischer eine Gemeinschaft spontan singen kann, um so besser ist es um das Wirken des Geistes in ihr bestellt.
Ähnliche Erweiterungen sind üblich z. B. nach der Predigt. Nach dem Prediger drücken auch andere ihren Glauben aus. Zum offiziellen Credo können sich ebenfalls persönliche Bekenntnisse gesellen. Die Fürbitten lassen sich freier und ausführlicher gestalten. Dem Gabengebet geht wieder eine längere Gebetspause voran, in welcher die Teilnehmer ihre persönliche Hingabe, ihre persönlichen Opfer in den Gottesdienst hineinformulieren können. Der Aufforderung zum Dank am Beginn der Präfation folgen spontane Dankesbezeugungen: »Laßt uns danken dafür, daß ...« Der Friedensgruß nach dem Vaterunser löst dann oft sehr viel Bewegung aus. Man geht zu Bekannten und Unbekannten und

spricht freundschaftlich mit ihnen. Nach der Kommunion kann es schließlich viele Lob- und Dankeslieder geben, am Schluß eine Agape. Zu alldem gehört natürlich viel Spontaneität. Eine Spontaneität, die Amerikaner und Afrikaner sich viel leichter gestatten als wir steifen Nordeuropäer. Aber vor allem kleinere Gruppen können wenigstens das eine und andere Element einmal übernehmen. Bei sogenannten charismatischen Gottesdiensten fällt mir übrigens auf, daß die offiziellen liturgischen Vorschriften peinlich genau eingehalten werden. Das Spontane tritt hinzu. Es macht an der aufgewendeten Zeit drei Viertel oder einen noch größeren Anteil aus; aber die offizielle Liturgie wird ganz gehorsam vollzogen. Neben ihr finden wir jedoch nahezu alle Zeugnisse liturgischer Spontaneität, wie wir sie aus dem ersten Korintherbrief des Paulus kennen.

Ich durfte eine solche Messe einmal in Vollendung gefeiert miterleben bei der *Word-of-God-Community* in Ann Arbor, Michigan, USA. Soviel Spontaneität fällt uns Nordwesteuropäern freilich schwer; den Jungen unter uns allerdings schon wieder weniger.

Auf jeden Fall sollten wir dem etwas gedankenlosen Herunterzelebrieren der offiziellen Liturgie künftig mehr entgegensetzen als bisher. Ein Wunsch des Autors wäre dabei, daß die Kirche jene liturgische Freiheit wiedergewinnen möge, die am Anfang ihres Glaubens gestanden hat. Spontan waren die Tischsitten Jesu, anstößig spontan. Spontan waren die Mähler der Urgemeinde, z. B. in Korinth. Noch eines der ältesten Hochgebete ist am Ende mit dem Hinweis versehen: »Es ist aber durchaus nicht nötig, daß der Priester gerade diese Worte gebraucht.« Eine ägyptische Übersetzung verkehrte den Satz aber bereits ins Gegenteil: »Es ist unbedingt notwendig, daß der Priester genau diese Worte verwendet.« Diese Fälschung mittels Übersetzung hat im Zuge der Zeit leider weltweit gesiegt. Allerdings nicht sofort; noch im Mittelalter soll gegolten haben, daß jeder Bischof bei seiner ersten Messe ein eigenes Hochgebet verwenden durfte. Wenn man die Größe und Bedeutung kleiner südländischer Bistümer in Betracht zieht, wird man bei ihnen die Amtswalter erkennen, denen bei uns die Pfarrer entsprechen. Es ließe sich also das alte Privileg dafür in Anspruch nehmen, daß mindestens jeder Pfarrer seinen eigenen Kanon haben und benützen darf.

5. Messe und Mahlzeit

Wer je einmal an einem jüdischen Sabbatmahl teilnehmen konnte, der weiß, wieviel »Eucharistie« sich in so einem liturgisch gefeierten Mahl darstellen kann. Man setzt sich zum Essen, wie sonst auch; etwas sorgfältiger gekleidet, vielleicht bei Kerzenlicht. Die Mahlzeit beginnt mit einem Segensspruch über Brot und Wein, den Worten des katholischen Priesters beim Offertorium ähnlich. Man singt gemeinsam ein geistliches Lied. Dann setzt man sich zum Essen.

Ganz ähnlich ist natürlich auch das Letzte Abendmahl verlaufen. So verschieden auch die Abendmahlsgeschichten des Neuen Testaments sich bei näherer Betrachtung erweisen, sie alle erzählen von einem rituellen jüdischen Mahl, dem Sabbat- oder Passahmahl zumindest sehr ähnlich. Dies hat niemand genauer und sachkundiger untersucht und dargestellt als *Heinrich Kahlefeld,* der uns das Untersuchungsergebnis als Vermächtnis hinterlassen hat (Das Abschiedsmahl Jesu und die Eucharistie der Kirche, Frankfurt 1980). Symbolische und »wirkliche« Mahlzeit miteinander zu verbinden, bringt allerdings praktische Schwierigkeiten mit sich, verlangt auch erst einmal genauere strukturelle Überlegungen, wie sie Kahlefeld uns hinterlassen hat.

Theodor Schnitzler erwähnt bereits in seinem Buch »Die Messe verstehen« (1976) Meßfeiern, die bei unabgeräumtem Tisch an eine Mahlzeit angehängt wurden. Das geschmacklose Bild, mit dem Schnitzler wohl persönlich einmal konfrontiert wurde, ergibt sich vermutlich aus der biblischen Bemerkung, Jesus habe »nach dem Mahle« den eucharistischen Becher gesegnet. Bei dieser biblischen Bemerkung ist aber nicht an ein Anhängsel des Essens zu denken, sondern an ein Symposion (Kahlefeld). Bei antiken Gastmählern wurde gern und kräftig zugelangt, natürlich ohne Besteck gegessen, und somit am Ende der Mahlzeit keine sehr festliche Szenerie mehr hinterlassen. Die Teilnehmer standen deshalb auf, wuschen sich die Hände, der Tisch wurde abgeräumt und neu gedeckt. Erst dann setzte man sich wieder und begann das Symposion, das Gespräch bei einem guten Becher Wein und etwas Zubiß. In dieser Situation hat man sich die eucharistische Speise und den eucharistischen Trank vorzustellen, wenn man ihren Genuß »nach dem Mahle« ansiedeln will.

Auf ähnliche Weise lassen sich Mahlzeit und Eucharistie sicher noch heute verbinden. Eingangslied, Kyrie und Oration lassen sich dabei vielleicht als Tischgebet vorausnehmen. Nach dem Abräumen der Tafel folgt dann der Lesegottesdienst und schließlich das eucharistische Mahl, das im freien Gespräch seine Fortsetzung und seinen Abschluß finden kann. Eine solche Feier macht nicht nur mehr Aufwand als eine gewöhnliche Messe, sondern auch mehr Freude. Sie versinnbildet besser das kommende Gottesreich und realisiert deutlicher seine Gegenwart. Der Dank an den Schöpfer wird lebendiger geschehen, wenn auch seine Gaben dabei zur Verfügung stehen und genossen werden; das Gespräch wird sich freier entwickeln, die Gemeinschaft spürbarer werden. Genauso gut oder besser läßt die Eucharistie sich aber an den Anfang der Mahlzeit stellen, so wie wir es beim jüdischen Sabbatmahl beobachtet haben. Brot und Becher werden dann zur rituellen Vorspeise, Hochgebet und Vaterunser zum Tischgebet. Diese Form würde ich vorziehen. Ich meine nämlich, der heutige Mensch sei zu Beginn der Mahlzeit aufnahmefähiger als an ihrem Schluß. Der antike Mensch war meist weniger gut genährt als wir und sicher erst gesättigt ein guter Zuhörer. Wir aber kommen meist nicht so hungrig zum Essen, daß wir vorher nicht noch für einige Zeit geistig aktiv sein könnten. *Plenus venter non studet libenter*. Dem jüdischen Brauch folgend könnte ich mir also folgende Ordnung vorstellen: Der sogenannte Wortgottesdienst findet noch nicht am Tische statt, sondern anderswo, wo man einfach im Kreise sitzt. Dann geht man zu Tisch. Es darf schon aufgetragen sein; die liturgische Gabenbereitung kann ebenfalls schon vorausgenommen sein. Die Feier am Tisch beginnt dann mit der Präfation, die (wohl besser ohne Sanctus und Schlußdoxologie) direkt ins Hochgebet und ins gemeinsame Vaterunser mündet. Es folgt der Friedensgruß, wo sich alle die Hände reichen können, wie vielerorts ohnehin vor einem feierlichen Essen Brauch ist. Nach dem Friedensgruß folgt: »Selig, die zum Mahle des Lammes geladen sind« oder ähnliches und die Austeilung der eucharistischen Gaben mit einem entsprechenden Lied. Dann wird aufgefordert, Platz zu nehmen und zuzulangen und man ißt miteinander. Schlußgebet, Segen und Entlassung schließen sich dann nach der Mahlzeit an.

Häufiger wird sich dennoch ermöglichen lassen, daß die gemeinsame Mahlzeit sich der üblichen Eucharistiefeier als selbständige zweite Einheit anschließt. Gemeinsames Frühstück oder (liturgiefreier) abendlicher Imbiß im Pfarrsaal oder ähnliches. Dann kann wenigstens mit Worten auf die vorangegangene Eucharistie Bezug genommen werden. In Nordamerika wird es seit Jahrzehnten beim *Chicken-Eating* ähnlich gehalten. Etwa einmal im Monat bleibt sonntags »die Küche kalt«. Die Pfarrgemeinden verfügen über die notwendigen Einrichtungen, um ein paar hundert Hendl zu braten und im Freien zu verspeisen. Man ißt also nach der Messe gemeinsam und gewinnt dabei auch einen finanziellen Überschuß für einen guten Zweck, aufgrund der unentgeltlichen Zusammenarbeit bei der Vorbereitung des von den einzelnen Familien gezahlten Mahles. Ähnlich schöne Bräuche kann man bei uns inzwischen auf Pfarrfesten erleben. Es gibt also viele Weisen, das eucharistische Mahl in voller Gestalt zu feiern. Ich finde, man kann sogar das langweilige Abräumen und Spülen bzw. das Füttern der Spülmaschine in die gemeinsame Feier mit einbeziehen. Alle helfen am Schluß schnell zusammen, wobei lustige Lieder gesungen werden. Für jeden gibt es dann am Schluß noch ein kurzes Getränk oder ein Eis am Stiel, so daß die Spülerei nicht gerade den Schluß des Ritus bilden muß. Beim Abschied kann auch jeder mit einer Blume oder einem anderen Geschenk entlassen werden. Dieses Geschenk könnte natürlich wieder Bezug haben auf das biblische Thema und das gehaltene Gespräch. Ich denke da an ein Faltblatt mit Bibelauslegung und praktischen Anregungen für den Alltag.

6. Messe und Alltag

Damit enden wir bei dem Thema: Wie kann die Feier der sonntäglichen Eucharistie in den Alltag hineinreichen, gewissermaßen in den Alltag hinein verlängert werden? Diese Frage setzt natürlich voraus, daß solch eine Einheit von Alltagsleben und Gottesdienst überhaupt angestrebt wird. Es wird uns nicht schwer fallen, uns für diese Voraussetzung zu entscheiden. Man kann schließlich nur feiern, was auch gelebt wird. Eine Hochzeit läßt sich nur feiern, wenn ihr auch die gemeinsam gelebte Ehe folgt. Es ist hier nicht der Ort, eine entsprechende Theorie des Feierns aufzustellen. Es dürfen aber einige Stichpunkte zu diesem Thema gegeben werden. Solche Stichpunkte finden wir zunächst einmal bei Paulus, der allerdings zu dieser Frage recht Befremdliches äußert. Gottesdienst ist für Paulus nicht das, was wir Gottesdienst nennen; den Alltag des Christen nennt er einen vernünftigen Gottesdienst, *thysía logikē*.

Was wir Gottesdienst nennen, heißt bei Paulus einfach Versammlung: »wenn ihr zusammenkommt...«. Erst wenn wir seiner nüchternen Sprache noch ein unterscheidendes Adjektiv beifügen, werden wir uns dem Sprachgebrauch des Paulus anschließen können: Heilige Versammlung. In der Heiligen Versammlung, die natürlich Gottesdienst sein kann wie der Alltag auch, kommen die sonst einzeln oder in Familien lebenden Christen zunächst einmal zusammen. Sie können nun also Dinge tun, die für den einzelnen oder für die einzelnen Familien gar nicht oder nicht leicht möglich sind. Dazu ist an erster Stelle sicher das Herrenmahl zu rechnen. Der Tisch des Herrn ist keine Familien-, sondern eine Gemeindemahlzeit. Zweitens bietet die sonntägliche Versammlung Gelegenheit, den Glauben voreinander zu bezeugen. Das tun wir z. B. durch das gemeinsame Sprechen des Glaubensbekenntnisses. In freier persönlicher Form bezeugt seinen Glauben bei uns wenigstens noch der Prediger, bei der Messe in kleinen Gruppen kann jeder es ihm gleichzutun suchen. Beides, Mahl und Bekenntnis, können stark in den Alltag zurückwirken. Die Gemeinschaft mit Christus und untereinander gibt für den christlich gelebten Alltag die nötige Kraft. Das Festhalten am Glauben wird durch das eigene Glaubenszeugnis wie durch das der anderen wohl überhaupt erst möglich; das gilt jedenfalls für die Weitergabe des Glaubens von Generation zu Generation, die sicher ohne Gemeinschaft und Versammlung auf die Dauer nicht möglich wäre. Aus dem Alltag kommen aber auch Schuld und Schuldgefühle, Unfriede und andere trübe Erfahrungen mit in den Gottesdienst. Vergebung und Versöhnung ermöglichen einen neuen Anfang. Die gemeinsame Bibellesung und Auslegung gibt entscheidende Impulse für das Verhalten und Aushalten im Alltag. Schwächer entwickelt ist in unseren Gottesdiensten die Kommunikation über das, was sich in den verschiedenen Gruppen, Familien und bei den einzelnen Gemeindemitgliedern während der Woche abgespielt hat. Im allgemeinen ist zwar üblich, am Ende des Gottesdienstes bei den Vermeldungen auf Angebote, Veranstaltungen, Sammlungen hinzuweisen; selten aber gibt es gerade im katholischen Gottesdienst (etwa am Anfang) einmal einen Bericht über das, was während der Woche getan wurde oder geschehen ist. Allenfalls Todesfälle, Taufen und Sammelergebnisse werden regelmäßig mitgeteilt.

Sinnvoll wäre es, darüber hinaus zu Beginn der gottesdienstlichen Versammlung wenigstens mit zwei Sätzen zu berichten z. B. von der geschehenen Firmung, von der Wallfahrt der Alten, von der Vorbereitung des Gottesdienstes, von besonderen Ereignissen in der Schule. Solche Berichte macht zwar schon das Gemeindeblatt sich zur Aufgabe, aber solche schriftlichen Berichte allein befruchten den Gottesdienst zu wenig. Aus der vergangenen Woche soll unmittelbar erzählt werden, damit die Gemeinde weiß, für was sie danken, für wen sie bitten soll, welcher Grund Anlaß zur Klage vor Gott gibt. Je lebendiger diese Verbindung zwischen Alltag und sonntäglicher Versammlung sich gestaltet, um so mehr werden beide Formen des christlichen Lebens zum Gottesdienst werden. Die lebendige Gemeinde erlebt ja eine Geschichte mit Gott, und diese Geschichte ist der eigentliche Inhalt der sonntäglichen Feier. Eine Gemeinde, in der während der Woche nicht viel geschieht, was sich vom Leben glaubensloser Menschen unterscheidet, hat an sich auch keinen Grund, Gottesdienst zu feiern. Was nicht gearbeitet wird, das kann auch nicht gefeiert werden. Viele Gottesdienste erscheinen wohl deshalb so inhalts- und bedeutungslos, weil in der Gemeinde außer der Feier des Gottesdienstes eben nicht viel geschieht. Solcher Gottesdienst kann zum Alibi, zum Ersatz für den christlich gelebten Alltag werden, verliert damit freilich seinen Sinn und seine Kraft. Solchen Fehlentwicklungen wirkt es aber auch entgegen, wenn die Gestaltung des Gottesdienstes von der Erhebung der öffentlichen Problemlage ausgeht; wenn also zu Beginn der Problembereich, der im Wortgottesdienst thematisiert wird, in Texten (und Bildern) aufgezeigt wird. Auf diese Möglichkeit ist im 2. Kapitel schon einmal hingewiesen worden.

Diese kurzen Hinweise können, zusammengenommen, wohl eine Art praktisches Programm für die Verbindung von Alltag und Feier ergeben:

– Der Gottesdienst soll durch seine ganze Gestaltung zu einem frohen und aktiven Christsein aktivieren.
– Die Vermeldung am Schluß weist auf die konkreten Möglichkeiten und Notwendigkeiten hin. Ein Merkblatt kann außerdem Hauptinhalte von Bibellesung, Predigt, weitere Gesprächs- und Denkanregungen und darüber hinaus das Wochenprogramm schriftlich mit nach Hause geben.
– Berichte zu Beginn des Gottesdienstes am nächsten Sonntag bringen dann die Geschichte der Woche wieder in die versammelte Gemeinde zurück. Die Berichte bieten zugleich konkreten Stoff und Anlaß für die Liederauswahl, für die Gestaltung der Fürbitten, für die Predigt und gelegentlich auch für die Auswahl der Lesungen. (Von der Leseordnung abzuweichen gibt auch die geltende liturgische Vorschrift immer dann das Recht, wenn statt der Tagesliturgie eine Votivmesse verwendet wird. Eine Votivmesse aber darf immer gewählt werden, wenn es sich nach dem Urteil des Pfarrers um eine *res gravis et publica* handelt, sei es um einen besonderen »Tag« – Weltmissionssonntag – oder um ein aktuelles Problem – Naturkatastrophe, politisches Ereignis, Partnerschaftsabschluß.)
– Den öffentlichen Kontext zeigen entsprechende Dokumente am Beginn des Gottesdienstes auf.

So ein mit dem Alltag verbundener Gottesdienst wird sicher nicht so schnell fad oder langweilig wie eine weltlose und weltfremde Frömmigkeitsübung, die ihre Inhalte allein aus der Glaubenstradition bezieht. Je vollständiger – sagen wir: im Laufe eines Jahres – alle Lebensbezüge im Gottesdienst vorkommen, je offener und intensiver sie zur Sprache kommen, um so mehr wird auch der Gottesdienst wichtig sein, um so besser wird er besucht werden.

7. Integrale Versammlung

Die angedeutete Verbindung von Alltag und Messe beschränkt sich nun immer noch auf die Wechselbeziehung Arbeit – Feier, Alltag – Festtag; was gearbeitet wird, wird auch gefeiert. Der dritte Bereich: Beratung, Planung, Bericht, Kritik, bleibt dabei unberücksichtigt oder auf der Seite des Alltags. In der Pfarrge-

meinde wird er üblicherweise durch das Seelsorgsteam, den Pfarrgemeinderat, die Pfarrversammlung betreut. Diese Trennung zwischen der sonntäglichen, nur zur Feier bestimmten Heiligen Versammlung und den sachbezogenen, entscheidungsbefugten Versammlungen hat ihre guten und ihre problematischen Seiten.
Die guten Seiten: Die Feier bleibt Feier. Die christliche Kirche bleibt eine feiernde, eine die Taten Gottes, das Kommen des Gottesreiches feiernde Gemeinschaft. Die feiernde Kirche läßt sich von den praktischen Aufgaben des Alltags nicht um den Blick über den Alltag hinaus, nicht um ihre Unmittelbarkeit zu Gott bringen. Die problematische Seite: Gottesdienst und Alltagsdienst bleiben trotz gegenseitiger Information zwei Welten, da die Entscheidungsvorgänge andere Wege laufen. Die sonntägliche Feier verselbständigt sich, verliert, wie dargelegt, an realer Bedeutung. Es läßt sich wohl nicht gut vorstellen, daß die Versammlungen der Urgemeinde, wie sie in der Apostelgeschichte dargestellt sind, sich in anderen Räumen, zu anderen Zeiten und mit anderen Kompetenzen ereigneten als das gemeinsame Brotbrechen. So sehr mir daran liegt, die Feier der Eucharistie und unsere Messe insgesamt vor der Überfremdung durch konkrete Probleme und Diskussionen, Entscheidungen und Kompromisse zu bewahren, so wichtig erschiene es mir doch, der Gemeinde die regelmäßige Bestimmung über ihren Alltag wieder in die Hand zu geben. Natürlich kann man in einer Gemeinde mit mehreren Sonntagsgottesdiensten nicht sonntags dreimal eine Art Gemeindeversammlung an die Messe anhängen. Aber vielleicht wird sich bald einmal die Einsicht durchsetzen, daß eine Gemeinde nicht größer sein darf als ihre konkrete Sonntagsversammlung. Vielleicht wird sich einmal die Einsicht durchsetzen, daß mindestens die Kerngemeinde sich den ganzen Sonntagvormittag oder den ganzen Samstagabend für ihre Versammlung Zeit nehmen muß, wenn sie nicht Überbau (im marxistischen Sinne) über einem bürgerlichen Alltag und ein paar Aktivistengruppen bleiben will. Man wird aufgrund solcher Erkenntnisse sicher nicht für je tausend Katholiken eine Kirche bauen können. Aber es werden sich künftige Gemeindeformen möglicherweise mit viel schlichteren Räumen zufrieden geben oder mehrere (Basis-)Gemeinden in einer Kirche teilen und in ein Pfarrzentrum. Nun, solche Gemein-

den gibt es ja schon: Focolari, Integrierte Gemeinde, Basisgruppen... Für immer werden sich unsere traditionellen Territorialpfarreien wohl von diesen stärker engagierten Gemeinden nicht ins zweite Glied verweisen lassen können. Es soll ja, da und dort in Lateinamerika, schon ganze Diözesen geben, welche die Pfarrstruktur zugunsten der Basisgruppen suspendiert haben.
Mit diesen Gedanken haben wir nun eindeutig den Bereich der Pastoralliturgik in Richtung auf Ekklesiologie und allgemeine Pastoral überschritten. Aber nach weiterführenden Wegzeichen suchend, können wir den Blick über den Zaun sicher nicht unterlassen.

V. Beobachtungen und Anregungen zum Meßtext

Mit der Revision und Übersetzung der liturgischen Texte hat man sich nach dem II. Vaticanum viel Mühe gemacht. Die Arbeit ist auch nicht ohne Erfolg geblieben. Es wird allerdings angesichts der zu erhebenden Befunde die Frage auftauchen, ob die nachkonziliare Arbeit von günstigen Voraussetzungen ausgehen konnte und eindeutig auf eine optimale Gestaltung der eucharistischen Feier gerichtet war.

Erstens ist damit zu rechnen, daß die notwendige Einigkeit über die vorzuschreibende Gestaltung nicht immer durch die restlose Klärung der Sache erreicht werden konnte. *Quot capita, tot sensus.* Aus praktischen Gründen mußten die beteiligten Fachleute, Gremien und Autoritäten sich vielleicht allzu oft auf halbbefriedigende Kompromisse einigen. Demgegenüber können die hier folgenden Versuche einheitlicher und entschiedener gestaltet werden, da sie nicht von vornherein auf die Zustimmung aller zielen müssen.

Zweitens hatte die nachkonziliare Arbeit an den liturgischen Texten die umfangreiche und starke liturgische Tradition der katholischen Kirche möglichst ungeschmälert zu erhalten, um die mit allen Ritusänderungen verbundenen Aggressionen nicht noch virulenter zu machen als ohnehin schon geschehen. Inzwischen ist Zeit ins Land gegangen. Die kompromißreiche Liturgie hat ihre praktischen Probleme erkennen lassen und ruft nun direkt danach, einheitlicher, sinn- und zeitgerechter gestaltet zu werden. Die offiziell verarbeitete Traditionslast enthält schließlich so heterogene Elemente wie die Erinnerung an das Letzte Abendmahl und römisch-heidnische Opferbräuche, ambitionierte dogmatische Postulate und recht häretische Gebräuche (wie z. B. den jahrhundertelangen Verzicht auf die Teilnahme am heiligen Mahl), Anpassungen an die Gesetze großer Menschenansammlungen (wie den Verzicht auf den Laienkelch) und entsprechende Gebäude und Räume.

Drittens hatte die liturgische Reform wie alle innerkatholischen

Reformen darunter zu leiden, daß sie weder von der Basis des Kirchenvolkes her durchgeführt noch von dort her legitimiert wurde, sondern von zentralistisch legitimierten Gremien. Von daher ist auch zu verstehen, daß im Zuge dieser wie anderer Reformen sich auch entsprechende Ängste und Ideologien wirksam zeigten. Von dieser Einseitigkeit möchte sich die folgende Anregung freihalten. Diese drei Vorerinnerungen können den Eindruck erwecken, es werde nun im fünften Hauptteil ein Sturm auf liturgische Bastionen versucht werden. Dem ist nicht so. Es wird vielmehr um eher unscheinbare Details gehen. Aber auch was die Liturgie betrifft, sitzt der Teufel oft im Detail. Jedenfalls werden die folgenden Vorschläge und Anregungen nicht von geschmäcklerischen Anmutungen ausgehen, sondern von einer nach mehreren Seiten hin vorbedachten Position.

Konkret werden die wichtigsten Leitlinien der Revisionsvorschläge sein:

(a) Überwindung des Pleonasmus.

Manche Orationen sind beispielsweise mit logischen Doppelzügen befrachtet; schmückende Beiwörter stören vor allem bei den ins Deutsche übersetzten Präfationen. Dort kommen auch noch die verschiedenen Engelschöre vor, deren Aufzählung durchaus pleonastisch wirkt.

(b) Eine Reihe von Texten, vor allem die neuen Hochgebete, erscheinen theologisch überfrachtet. Ursprungsnähere Theologien werden verdrängt oder rhetorisch überboten.

Weniger wäre da oft mehr. Davon wird im Zusammenhang mit den Hochgebeten noch einiges zur Diskussion zu stellen sein.

(c) Der vorgegebene Text ist – wovon schon im zweiten Teil dieser Arbeit die Rede sein mußte – insgesamt zu umfangreich, zu informationsreich, zu vielgliedrig und stellenweise unvollziehbar.

(d) Andere Texte erscheinen lebensfern oder gestelzt.

(e) Die antike dogmatische Sprache ist für viele Menschen nicht mehr mitvollziehbar. Mag ihr für die Bewahrung innerkirchlicher Lehrkontinuität noch große Bedeutung zukommen, so sollte sie in der Verkündigung und mehr noch bei den aktiv mitzuvollziehenden Gebets- und Bekenntnisformeln gegenüber einer Sprache zurücktreten, die heutigen Denkformen entspricht.

(f) Unsere Meßliturgie insgesamt erscheint in ihrer Zielsetzung, in ihrem Sinn, in ihren Funktionen recht eingeschränkt oder einseitig. Sehr deutlich befaßt sie sich mit der Schuld und der Entsühnung des Menschen, auch mit dem Dank für Gottes entsprechende Heilstaten. Deutlich wird die kirchliche Gemeinschaft vorgestellt und gefeiert. Unsere Liturgie bewegt sich also zum allergrößten Teil *in ordine redemptionis*. Dieser *ordo redemptionis* aber setzt in jeder Hinsicht den *ordo creationis* voraus. Schöpfung der Welt und Alltagsleben der Menschen kommen zwar gelegentlich in Meßtexten vor, etwa bei den Gebeten des Priesters zur Tischbereitung und in einigen Präfationen. Insgesamt aber spielt der Bezug zu Kreatur und Natur, Alltagsarbeit, Alltagsleiden und Freuden, Familie, Liebe, Freizeit, wie eingangs erwähnt, eine zu geringe Rolle. Nicht zuletzt deshalb finden so viele gläubige Menschen den Sonntagsgottesdienst überflüssig und machen lieber einen Spaziergang in den Wald, wo ihnen Gott weniger kompliziert und lebensfern erscheint. Hier hat die künftige liturgische Arbeit wohl die umfangreichste Aufgabe vor sich. Das Paschamahl des Alten Bundes gedachte – wie die Osternachtsfeier – der Schöpfung; der Jude dankte in seinen Gottesdiensten, solange er es hatte, für das Land, das ihm gegeben war. Not, Zweifel und Klagen waren in den Psalmen immer liturgiefähig.

Von den hier angedeuteten Funktionen hat unser Gottesdienst viel eingebüßt. Die folgenden Vorschläge werden diesem folgenreichen Manko nicht wirksam genug abhelfen können. Aber es soll wenigstens in diese Richtung gedacht und gesucht werden.

Sehr bemerkenswert erscheint an diesem Arbeitsprogramm, daß seine Leitlinien uns bei biblischen Texten kaum etwas zu tun geben. So vielgestaltig, so alt, so umfangreich die Bibel ist, so selten ist sie einmal pleonastisch, theologisch überfrachtet (außer in den Spätschriften), unvollziehbar, lebensfern oder sprachlich krampfig zu nennen. Der fälligen Textrevision bietet sich also der lapidare Befund dar, daß die Kirche in ihrer Gebets- und Lehrsprache das Niveau der biblischen Vorbilder nicht halten konnte. Eine Diagnose über Ursachen und Vorgänge im Hintergrunde dieses Befunds soll hier nicht versucht werden, jedenfalls nicht über die Ansätze hinaus, die zu Beginn dieses Abschnitts gemacht wurden und fallweise bei konkreten Texten wieder vorkommen werden. Unsere Diskussionsanregung kann sich auch nicht vornehmen, die angedeutete Sprachproblematik gültig oder gar endgültig umfassend oder auch nur zufriedenstellend zu bearbeiten. Es geht vielmehr um eine Anregung, die textliturgische Arbeit wieder aufzunehmen und weiterzuführen und dabei noch kritischer und offener zu Werke zu gehen als in den Jahren seit dem Zweiten Vaticanum. Wer Abweichungen vom derzeit vorgeschriebenen Text grundsätzlich und unabhängig von der Textqualität ausschließt, der wird uns immerhin die Existenz von Liturgiegeschichte und damit die Veränderbarkeit der Vorschriften zugestehen und kann das folgende als Denkschrift für die Hand der Zuständigen gelten lassen.

1. Eröffnung der Meßfeier

Im Namen des Vaters und des Sohnes und des Heiligen Geistes
Amen.
Der Herr sei mit euch!

oder:

Liebe Brüder und Schwestern,
Gnade und Friede von Gott unserem Vater und dem Herrn Jesus Christus sei mit euch!

oder:

Liebe Gemeinde (meine Freunde),
um unseres Herrn Jesus Christus willen sei der Friede Gottes mit euch!

Einführung:

Nach einer Woche der Arbeit, nach ihren Freuden und Leiden, versammeln wir uns vor unserem Gott. Er ist es, der unseren Alltag uns zum Segen werden läßt, dem wir unsere Freuden danken, der uns in unseren Leiden führt.
Vor ihm stehen wir als sündige Menschen.
Darum wollen wir zunächst unser Gewissen erforschen und ihn um Vergebung bitten.

oder:

Eine Woche lang haben wir, ein jeder an seinem Platz, ein jeder in seiner Familie, als Christen zu leben versucht. Heute versammeln wir uns um unseren Herrn Jesus Christus. Er ist es, der uns zum Vater führt und mit dem Vater versöhnt. Zu ihm rufen wir.

oder:

Am Beginn (am Ende) dieses (großen) Tages versammeln wir uns um den Tisch unseres Herrn Jesus Christus. Zu ihm tragen wir unsere Freuden und Leiden, die Sorgen und Aufgaben des heutigen Tages. Ihn wollen wir anrufen. Er soll in unsrer Mitte sein.

oder:

Aus dem Lärm (und den Widersprüchen) des Alltags treten wir in die Ruhe des Gottesdienstes. Als schuldige Menschen treten wir vor den Heiligen Gott. Bevor wir sein Wort hören und das Mahl des Herrn feiern, laßt uns in Stille daran denken, wie wir vor ihm stehen. – – –

Wir bekennen vor ihm unsere Schuld und bitten um Vergebung.

oder:

Mit Sorgen und Fragen beladen versammeln wir uns vor Gott. In seiner Hand liegt unser Geschick. An ihn wollen wir nun denken, ihm wollen wir uns überlassen. Vor ihm wollen wir bekennen, daß wir schuldige Menschen sind.

Schuldbekenntnis – Kyrie – Vergebungsgebet – Gloria

Ich bekenne ...

oder:

Herr Jesus Christus, du bist uns vom Vater gesandt, um uns zu retten:
Herr erbarme dich unser!
Du bist in unserer Mitte, sooft wir zu dir rufen:
Christus erbarme dich unser!
Vergib uns im Namen des Vaters:
Herr erbarme dich unser!

dann:

Der allmächtige Gott erbarme sich unser.
Er vergebe uns all unsere Schuld,
er (lehre uns, ihn zu loben und) führe uns zum ewigen Leben.

Alle: Amen.

Ehre sei Gott in der Höhe!

oder:

Herr, nimm von uns all unsere Schuld, laß uns mit reinem Herzen diese heilige Feier begehen und dich loben in unserer Mitte: Ehre sei Gott in der Höhe!

(Da das Kyrie im Gloria enthalten ist, könnte man auch gleich die Einführung in die Aufforderung zum Lob und in das Gloria münden lassen, bzw. in ein entsprechendes Lied.)

2. Tagesgebet

Die Tagesgebete des Meßbuchs gehören großenteils zum problematischen Bestand der liturgischen Texte. Bekanntlich dienen diese Gebete nicht nur dazu, den Einleitungsteil der Meßliturgie abzuschließen. Sie kehren in allen Tagzeiten des kirchlichen Stundengebets wieder und sind deshalb nicht speziell für ihre Funktion in der Meßfeier gestaltet. Das deutsche Meßbuch trägt diesem Befund Rechnung, indem es S. 305ff. 41 Gebete als Alternativen anbietet. Diese Gebete sind großenteils sehr einfühlsam und sinnreich für ihre Funktion in der Meßliturgie gestaltet und ausgewählt. Sie kommen durchwegs ohne dogmatische Sprache aus (Dreifaltigkeit, Menschwerdung, Erlösung, Opfermahl oder dergleichen), sprechen die Sprache realisierbarer Beziehungen. (Solche liturgischen Textproduktionen waren bei uns einmal möglich, damals, nach dem Konzil...) Einige Wahlgebete sind allerdings etwas lang. Vor allem die letzten zwölf dieser Gebete sind je nach der Situation kürzbar.

Der Liturge erhält nun mit dem Recht zur Wahl eine ziemlich schwierige Aufgabe zugewiesen. Er hat sich zu fragen: Paßt eine dieser 41 Orationen besser an diese Stelle des Gottesdienstes als die ›offizielle Tagesoration‹? Und wenn ja, welche? Im Hintergrunde taucht die Frage auf: Was heißt hier »passen«? Wie bei der Abfassung von einleitenden Worten, wird sich mancher auch hier versucht fühlen, die Pointe vorwegzunehmen und z.B. der Geschichte vom verlorenen Sohn das Gebet Nr. 26 »Barmherziger Gott, ... du läßt uns die Möglichkeit zur Umkehr« voranzustellen. Wer so verfährt, bietet vor dem Forellenessen Forellen als Vorspeise an.

Besser als die Vorwegnahme der Pointe (des Evangeliums) paßt, was in seiner Dynamik auf das Evangelium hinzielt oder auf eine andere Lesung. Das öffentlich vorgetragene Einleitungsgebet soll also den folgenden Lesungen vorangehen wie die Frage der Antwort, die Spannung der Lösung, die Klage dem Trost. Wir versuchen nun im folgenden, Entsprechendes zur Auswahl vorzuschlagen, sei es aus den herkömmlichen Tagesgebeten, sei es aus den Tagesgebeten zur Auswahl, sei es, daß eine modifizierte Form vorgeschlagen wird.

Dabei wird es öfters notwendig sein, auf die Verschiedenheiten in der Thematik von erster und zweiter Lesung Rücksicht zu nehmen. Unseren Vorschlag für Gottesdienste, bei denen zunächst die alttestamentliche Lesung vorgetragen wird, steht unter dem Vermerk: »vor der ersten Lesung«. Wird nur die zweite Lesung vorgetragen, dann halte man sich an den Vorschlag »vor der 2. Lesung«.

Advent

1. Adventssonntag A+C:

Herr, unser Gott,
du schenkst uns den guten Willen und das Vollbringen.
Hilf uns,
heute und an den kommenden Tagen
Christus entgegenzugehen
und uns durch Taten der Liebe
auf seine Ankunft vorzubereiten.
Dann wird er uns Platz zu seiner Rechten geben,
wenn er wiederkommt in Herrlichkeit.
Er, der in der Einheit des Heiligen Geistes
mit dir lebt und herrscht in alle Ewigkeit.

(Nach dem offiziellen Tagesgebet)

oder: Wahlgebet 31

1. Adventssonntag B

vor der 1. Lesung: Wahlgebet 1
vor der 2. Lesung: Wahlgebet 13, 36
oder:

Gott,
wir danken dir,
daß du uns heute an einen neuen Anfang führst.
Laß uns erkennen, was wir sind.
Laß uns glauben, was wir hören.
Laß uns tun, was du uns sagst.
Darum bitten wir durch Christus unseren Herrn.

2. Adventssonntag A + B
vor der 1. Lesung: Wahlgebet 25
vor der 2. Lesung:
Allmächtiger und barmherziger Gott,
durch die Worte deiner Heiligen und Zeugen
zeigst du uns den rechten Weg.
Darum öffne heute unser Ohr für das, was sie uns sagen.
Mach uns bereit für deinen Sohn,
unsern Herrn Jesus Christus.
(Nach dem offiziellen Tagesgebet)

2. Adventssonntag C
Wahlgebet 25

3. Adventssonntag A
vor der 1. Lesung:
Allmächtiger Gott,
sieh gütig auf diese Gemeinde,
die in Freude das Fest der Geburt Christi erwartet.
Öffne unser Ohr und unser Herz für dein Wort
und für die Hoffnung, die du uns lehrst.
Dann wird Weihnachten für uns alle ein Tag
voll Frieden und Zuversicht werden
dank unseres Herrn Jesus Christus.
vor der 2. Lesung: Wahlgebet 22 oder 28

3. Adventssonntag B + C
wie A oder Tagesgebet vom gestrigen Samstag:
Allmächtiger Gott,
laß deine Herrlichkeit
in unseren Herzen aufstrahlen
und nimm den Todesschatten der Sünde von uns,
damit wir bei der Ankunft deines Sohnes

als Kinder des Lichtes offenbar werden.
Darum bitten wir durch ihn,
der in der Einheit des Heiligen Geistes
mit dir lebt und herrscht in alle Ewigkeit.

4. Adventssonntag
Tagesgebet vom 19. Dezember:

Ewiger Gott,
durch die Geburt deines Sohnes
aus der Jungfrau Maria
hast du vor der Welt
deine Herrlichkeit offenbar gemacht.
Laß uns das unfaßbare
Geheimnis der Menschwerdung
in unverfälschtem Glauben bewahren
und in liebender Hingabe feiern.
Darum bitten wir durch Jesus Christus.

Weihnachtszeit und Anfang des Jahreskreises

Hochfest der Geburt des Herrn
In der Heiligen Nacht:

Herr, unser Gott,
in dieser hochheiligen Nacht
ist das wahre Licht uns aufgestrahlt.
Laß uns dieses Geheimnis
im Glauben erfassen und bewahren,
bis wir einst den unverhüllten Glanz
deiner Herrlichkeit schauen.
Darum bitten wir durch Jesus Christus.

Am Tage:

Allmächtiger Gott,
du hast den Menschen in seiner Würde
einst wunderbar erschaffen
und ihn durch deinen Sohn Jesus
noch wunderbarer wiederhergestellt.
Laß uns durch die Feier seiner Geburt
teilhaben an seinem göttlichen Leben

in deiner Herrlichkeit,
wo er mit dir lebt und herrscht in Ewigkeit.

Sonntag in der Weihnachtsoktav – Fest der Hl. Familie

Herr unser Gott,
in der Heiligen Familie von Nazaret
hast du uns ein großes Vorbild geschenkt.
Gib auch unseren Familien die Kraft,
nach deinem Willen in Eintracht und Liebe zu leben.
Führe uns alle einmal zur ewigen Gemeinschaft
in deinem Vaterhaus
durch Jesus Christus.

Neujahr – Oktavtag von Weihnachten

Tagesgebet aus der Messe zum Jahresbeginn:

Gott, du bist ohne Anfang und ohne Ende;
alles, was ist, kommt von dir.
Dir weihen wir das neue Jahr.
Schenke uns, was wir zum Leben brauchen,
segne unsere Tage
und mache uns reich an guten Werken.
Darum bitten wir durch Jesus Christus.

2. Sonntag nach Weihnachten

Allmächtiger, ewiger Gott,
du erleuchtest alle, die an dich glauben.
Offenbare dich den Völkern der Erde,
damit alle Menschen
das Licht deiner Herrlichkeit schauen.
Darum bitten wir durch Jesus Christus.

Erscheinung des Herrn – 6. Januar

Gott und Vater,
durch einen Stern hast du die Weisen aus dem Osten geführt
und den Heidenvölkern Jesus als deinen Sohn offenbart.
Auch wir haben dich schon im Glauben erkannt.
Nun bitten wir dich:
Führe uns vom Glauben
zur unverhüllten Anschauung deiner Herrlichkeit
durch Jesus Christus.

Sonntag nach dem 6. Januar – 1. Sonntag im Jahreskreis – Gedenktag der Taufe des Herrn

Allmächtiger, ewiger Gott,
bei der Taufe im Jordan
kam der Heilige Geist auf Jesus herab
und du hast ihn als deinen lieben Sohn zu erkennen gegeben.
Laß uns,
weil du auch uns als deine Kinder angenommen hast,
aus der Kraft dieses Geistes leben.
Darum bitten wir durch Jesus Christus.

Fastenzeit

(In der Fastenzeit läßt sich das Tagesgebet oftmals direkt an Schuldbekenntnis oder Kyrie anschließen.)

Aschermittwoch

Getreuer Gott, im Vertrauen auf dich
beginnen wir
die vierzig Tage der Umkehr und Buße.
Gib uns die Kraft zu christlicher Zucht,
damit wir dem Bösen absagen
und mit Entschiedenheit das Gute tun.
Darum bitten wir durch Jesus Christus.

1. Fastensonntag

Gott und Vater,
du schenkst uns die heiligen vierzig Tage
als eine Zeit der Umkehr und der Erneuerung.
Gib uns durch diese Feier,
daß wir Jesus, den Christus, immer besser erkennen
und aus dem Glauben an ihn zu leben lernen.
Darum bitten wir durch ihn.

oder: Wahlgebet 10

2. Fastensonntag

Gott, du hast uns geboten,
auf deinen geliebten Sohn zu hören.
Nähre uns mit deinem Wort

und reinige die Augen unseres Geistes,
damit wir fähig werden,
deine Herrlichkeit zu erkennen.
Darum bitten wir durch Jesus Christus.

oder: Wahlgebet 10

3. Fastensonntag

Gott unser Vater,
wir stehen als Sünder vor dir
und unser Gewissen klagt uns an.
Sieh auf unsere Not und laß uns Vergebung finden
durch Fasten, Gebet und Werke der Liebe.
So bitten wir durch Jesus Christus.

oder: Wahlgebet 10

4. Fastensonntag A

vor der 1. Lesung: Wahlgebet 10
vor der 2. Lesung: wie oben beim 1. Fastensonntag

4. Fastensonntag B

Gott, der du uns geschaffen hast,
zum Kampf gegen die Mächte der Finsternis
hast du uns berufen.
Darum weise uns die rechten Wege
und laß uns zum wahren Leben finden
durch deinen Sohn Jesus Christus.

4. Fastensonntag C

Herr, unser Gott,
an vielen Tagen unseres Lebens sind wir dir untreu gewesen.
Doch überlaß uns nicht den Folgen unseres Tuns.
Tröste uns durch dein Wort
und rette uns durch deinen Sohn,
unseren Herrn Jesus Christus.

oder: Wahlgebet 10

5. Fastensonntag

Herr unser Gott,
dein Sohn hat sich aus Liebe zu dieser Welt
dem Tode überliefert.
Nun hilf uns,

seine Liebe zu begreifen und aus seiner Liebe zu leben.
So bitten wir um seinetwillen, der mit dir lebt und herrscht.

6. Fastensonntag – Palmsonntag

Allmächtiger Gott,
das heilige Volk des Alten Bundes hat die Wahrhaftigkeit
deines Boten Jesus nicht erkannt und ist ihm nicht gefolgt.
Bewahre uns davor,
daß wir nur mit den Lippen uns zu ihm bekennen,
und hilf uns,
ihm auf allen seinen Wegen zu folgen.
So bitten wir durch ihn, der mit dir lebt und herrscht.

Gründonnerstag
Wahlgebet 8

Karfreitag

Gedenke, Herr, der großen Taten,
die du um unsretwillen einst gewirkt hast.
Laß uns nicht vergebens auf deinen Sohn Jesus schauen,
der sein Blut für uns vergossen
und uns zur wahren Freiheit geführt hat.
So bitten wir durch ihn, Christus unserem Herrn.

Osterzeit

Osternacht

Gott,
du hast diese Nacht hell gemacht durch den Lichtglanz,
der von Jesus dem Auferstandenen ausgeht.
Durch dieses Licht erwecke uns
aus dem Schlafe des Vergessens und der Trauer.
Erneuere in uns durch diese Feier
den Geist der Kinder Gottes.
Laß uns neu werden an Leib und Seele
durch den Glauben an Jesus Christus deinen Sohn.

Hohes Osterfest

Allmächtiger, ewiger Gott,
am heutigen Tage hast du deinem Sohne Jesus
den Sieg über den Tod geschenkt

und uns mit ihm.
Darum begehen wir dieses Fest mit Freude.
Schaffe auch uns neu durch die Kraft deines Geistes,
damit wir als Kinder des Lichtes leben
mit deinem Sohne Jesus Christus.

Sonntage der Osterzeit
Wahlgebete 9, 12, 19, 21 und 30.

Fest Christi Himmelfahrt
Gott und Vater,
in deinem Sohne Jesus hast du alle Menschen geehrt
und zum ewigen Leben berufen.
Schenke uns,
die wir deiner großen Taten gedenken,
festes Vertrauen auf dein Werk
und laß uns einst mit Christus zur Herrlichkeit gelangen
und mit ihm leben in alle Ewigkeit.

Hohes Pfingstfest
Allmächtiger ewiger Gott,
durch das Geheimnis des Pfingsttages hast du Menschen
aus allen Völkern und Nationen geheiligt
und mit der Kraft des Heiligen Geistes erfüllt.
Was du an ihnen gewirkt hast,
das wirke heute in den Herzen aller,
die an dich glauben und an deinen Sohn Jesus Christus.

Dreifaltigkeitssonntag
Gott und Vater,
du hast dein Wort und deinen Geist in die Welt gesandt,
um uns Anteil zu geben an deinem göttlichen Leben.
Gib,
daß wir im Glauben an dein Wirken
das Geheimnis deiner Liebe immer besser verstehen
und von ihrer Kraft erfüllt werden.
So bitten wir durch unseren Herrn Jesus Christus.

Fronleichnam
Herr Jesus Christus,
in der Nacht vor deinem Leiden

hast du uns diese heilige Feier gestiftet
zu deinem Gedächtnis.
Laß uns das Geheimnis des Letzten Abendmahles
recht verstehen und recht vollziehen.
Laß den Glauben deiner Jünger zum Zeichen werden
für das Kommen deines Reiches,
in dem du herrschen wirst mit Gott dem Vater
in alle Ewigkeit.

Sonntage im Jahreskreis

1. Sonntag
siehe oben: Gedenktag der Taufe Jesu
2. Sonntag A
Wahlgebet 3 oder 6
2. Sonntag B
vor der 1. Lesung: Wahlgebet 7
vor der 2. Lesung: Wahlgebet 1
2. Sonntag C
vor der 1. Lesung: Wahlgebet 4 oder 6
vor der 2. Lesung: Wahlgebet 14
3. Sonntag A
vor der 1. Lesung: Wahlgebet 41
vor der 2. Lesung: Wahlgebet 13 oder 29
3. Sonntag B
vor der 1. Lesung: Wahlgebet 41
vor der 2. Lesung: Wahlgebet 15 oder 29
3. Sonntag C
vor der 1. Lesung: Wahlgebet 2
vor der 2. Lesung: Wahlgebet 7 oder 14
4. Sonntag A
vor der 1. Lesung: Wahlgebet 8
vor der 2. Lesung: Wahlgebet 1
4. Sonntag B
vor der 1. Lesung: Wahlgebet 21
vor der 2. Lesung: Wahlgebet 6
4. Sonntag C
vor der 1. Lesung: Wahlgebet 3
vor der 2. Lesung: Wahlgebet 6

5. Sonntag A
vor der 1. Lesung: Wahlgebet 8
vor der 2. Lesung: Wahlgebet 13
5. Sonntag B
vor der 1. Lesung: Wahlgebet 16 oder 20
vor der 2. Lesung:

Gott und Vater,
wir kommen mit den Sorgen und Fragen unseres Alltags
vor dein Angesicht.
Du aber läßt uns in unserer Not nicht im Stich.
Du hast uns den Weg zum wahren Leben gewiesen
durch den Mund deiner Propheten und Heiligen,
vor allem aber durch deinen Sohn Jesus.
Laß uns heute ihr Wort verstehen
und mit bereitem Herzen aufnehmen,
damit wir würdig werden,
am Tische deines Sohnes teilzunehmen,
heute und einst in Ewigkeit.

5. Sonntag C
vor der 1. Lesung: Wahlgebet 2
vor der 2. Lesung: Wahlgebet 29 oder 8
6. Sonntag A
Wahlgebet 1
6. Sonntag B
Wahlgebet 16
6. Sonntag C
vor der 1. Lesung: Wahlgebet 29 oder 8
vor der 2. Lesung: Wahlgebet 6
7. Sonntag A
vor der 1. Lesung: Wahlgebet 6, 8 oder 18
vor der 2. Lesung: Wahlgebet 9
7. Sonntag B
Wahlgebet 24
7. Sonntag C
vor der 1. Lesung: Wahlgebet 29 oder 23
vor der 2. Lesung: Wahlgebet 25 oder 1
8. Sonntag A
vor der 1. Lesung: Wahlgebet 2
vor der 2. Lesung: wie zum 5. Sonntag B

8. Sonntag B
vor der 1. Lesung: Wahlgebet 4 oder 5
vor der 2. Lesung: Wahlgebet 20
8. Sonntag C
vor der 1. Lesung: Wahlgebet 6 oder 13
vor der 2. Lesung: Wahlgebet 12
9. Sonntag A
vor der 1. Lesung: Wahlgebet 22
vor der 2. Lesung: Wahlgebet 3
9. Sonntag B
vor der 1. Lesung: Wahlgebet 1
vor der 2. Lesung: wie 5. Sonntag B
9. Sonntag C
vor der 1. Lesung: Wahlgebet 2
vor der 2. Lesung: Wahlgebet 21 oder 31
10. Sonntag A
Tagesgebet vom 10. Sonntag:

Gott, unser Vater,
alles Gute kommt allein von dir.
Schenke uns deinen Geist,
damit wir erkennen, was recht ist,
und es mit deiner Hilfe auch tun.
Darum bitten wir durch Jesus Christus.

oder: Wahlgebet 6
10. Sonntag B
vor der 1. Lesung: Wahlgebet 9
vor der 2. Lesung: Wahlgebet 21 oder 29
10. Sonntag C
vor der 1. Lesung: Wahlgebet 31
vor der 2. Lesung:

Allmächtiger Gott, du hast uns dazu berufen,
zur Gemeinschaft deiner Heiligen zu gehören.
Oft fällt es uns aber schwer,
dieser Berufung gerecht zu werden.
Darum bitten wir dich:
Komm uns zu Hilfe durch das Beispiel deiner Heiligen
und durch den Geist deines Sohnes Jesus,
den du gesandt hast, uns zu retten und zu dir zu führen
für alle Ewigkeit.

11. Sonntag A
vor der 1. Lesung: Wahlgebet 7 oder 13
vor der 2. Lesung: Wahlgebet 9
11. Sonntag B
vor der 1. Lesung: Wahlgebet 2 oder 4
vor der 2. Lesung: Wahlgebet 31
11. Sonntag C
Wahlgebet 26
12. Sonntag A
Wahlgebet 2
12. Sonntag B
vor der 1. Lesung: Wahlgebet 5
vor der 2. Lesung: Wahlgebet 12
12. Sonntag C
vor der 1. Lesung: Wahlgebet 21
vor der 2. Lesung: Wahlgebet 6, 12 oder 13
13. Sonntag A
Wahlgebet 8 oder 1
13. Sonntag B
vor der 1. Lesung: Wahlgebet 31
vor der 2. Lesung: wie 10. Sonntag C vor der 2. Lesung
13. Sonntag C
vor der 1. Lesung: Wahlgebet 7 oder 25
vor der 2. Lesung: Wahlgebet 8
14. Sonntag A
vor der 1. Lesung: Wahlgebet 2
vor der 2. Lesung: Wahlgebet 9
14. Sonntag B
wie 5. Sonntag B vor der 2. Lesung
14. Sonntag C
vor der 1. Lesung: Wahlgebet 5
vor der 2. Lesung: Wahlgebet 25 oder 9
15. Sonntag A
vor der 1. Lesung: Wahlgebet 3 oder 25
vor der 2. Lesung: Wahlgebet 31
15. Sonntag B
Wahlgebet 1
15. Sonntag C
Wahlgebet 6

16. Sonntag A
vor der 1. Lesung: Wahlgebet 2
vor der 2. Lesung: Wahlgebet 4
16. Sonntag B
vor der 1. Lesung: Wahlgebet 6, 7 oder 8
vor der 2. Lesung: Wahlgebet 4 oder 5
16. Sonntag C
vor der 1. Lesung: Tagesgebet vom 16. Sonntag:

> Herr, unser Gott, sieh gnädig auf alle,
> die du in deinen Dienst gerufen hast.
> Mach uns stark im Glauben,
> in der Hoffnung und in der Liebe,
> damit wir immer wachsam sind
> und auf dem Weg deiner Gebote bleiben.
> Darum bitten wir durch Jesus Christus.

oder: Wahlgebet 1
vor der 2. Lesung: wie 5. Sonntag B vor der 2. Lesung
17. Sonntag A
Wahlgebet 6
17. Sonntag B
vor der 1. Lesung: Wahlgebet 7 oder 17
vor der 2. Lesung: Wahlgebet 13 oder 17
17. Sonntag C
Wahlgebet 24
18. Sonntag A
vor der 1. Lesung: Wahlgebet 2
vor der 2. Lesung: Wahlgebet 11 oder 13
18. Sonntag B
vor der 1. Lesung: Wahlgebet 5
vor der 2. Lesung: Wahlgebet 1, 6 oder 9
18. Sonntag C
Wahlgebet 1 oder 20
19. Sonntag A
vor der 1. Lesung: Wahlgebet 2 oder 5
vor der 2. Lesung: wie 5. Sonntag B vor der 2. Lesung
oder: Wahlgebet 10, 13
19. Sonntag B
wie 5. Sonntag B vor der 2. Lesung
19. Sonntag C

Wahlgebet 6 oder 25

20. Sonntag A

vor der 1. Lesung: Wahlgebet 6, 8, 20 oder 22

vor der 2. Lesung: wie 5. Sonntag B vor der 2. Lesung

20. Sonntag B

Wahlgebet 6, 24 oder 29

20. Sonntag C

vor der 1. Lesung: Wahlgebet 9 oder 19

vor der 2. Lesung: Wahlgebet 8 oder 20

21. Sonntag A

Wahlgebet 10, 12 oder 16

21. Sonntag B

vor der 1. Lesung: Wahlgebet 29

vor der 2. Lesung: Wahlgebet 1 oder 34

21. Sonntag C

Wahlgebet 31 oder 39

22. Sonntag A

vor der 1. Lesung: Wahlgebet 11 oder 21

vor der 2. Lesung: Wahlgebet 7

22. Sonntag B

Wahlgebet 7 oder 8

22. Sonntag C

vor der 1. Lesung: Wahlgebet 8

vor der 2. Lesung: Wahlgebet 9 oder 25

23. Sonntag A

Wahlgebet 8, 14 oder 17

23. Sonntag B

vor der 1. Lesung: Wahlgebet 5 oder 24

vor der 2. Lesung: Wahlgebet 8 oder 34

23. Sonntag C

vor der 1. Lesung: Wahlgebet 8 oder 29

vor der 2. Lesung: wie 5. Sonntag B vor der 2. Lesung

24. Sonntag A

Wahlgebet 29 oder 33

24. Sonntag B

vor der 1. Lesung: Wahlgebet 30 oder 31

vor der 2. Lesung: Wahlgebet 1, 8 oder 41

24. Sonntag C

vor der 1. Lesung: Wahlgebet 30

vor der 2. Lesung: wie 5. Sonntag B vor der 2. Lesung

25. Sonntag A

vor der 1. Lesung: Wahlgebet 2

vor der 2. Lesung: wie 5. Sonntag B vor der 2. Lesung

25. Sonntag B

vor der 1. Lesung: Wahlgebet 19 oder 20

vor der 2. Lesung: Wahlgebet 6 oder 41

25. Sonntag C

vor der 1. Lesung: Tagesgebet zum 25. Sonntag:

> Heiliger Gott,
> du hast uns das Gebot der Liebe
> zu dir und zu unserem Nächsten aufgetragen
> als die Erfüllung des ganzen Gesetzes.
> Gib uns Kraft,
> dieses Gebot treu zu befolgen,
> damit wir das ewige Leben erlangen.
> Darum bitten wir durch Jesus Christus.

oder: Wahlgebet 41

vor der 2. Lesung: Wahlgebet 1 oder 8

26. Sonntag A

vor der 1. Lesung: Wahlgebet 1 oder 41

vor der 2. Lesung: Wahlgebet 8 oder 22

26. Sonntag B

vor der 1. Lesung: Wahlgebet 6 oder 41

vor der 2. Lesung: Wahlgebet 13

26. Sonntag C

Wahlgebet 1, 6 oder 41

27. Sonntag A

vor der 1. Lesung: Wahlgebet 18 oder 22

vor der 2. Lesung: Wahlgebet 1, 3 oder 7

27. Sonntag B

vor der 1. Lesung: Wahlgebet 1 oder 13

vor der 2. Lesung: Wahlgebet 9

27. Sonntag C

Wahlgebet 1 oder 22

28. Sonntag A

vor der 1. Lesung: Wahlgebet 31

vor der 2. Lesung: wie 5. Sonntag B vor der 2. Lesung

oder: wie 10. Sonntag C vor der 2. Lesung

28. Sonntag B
Wahlgebet 1 oder 41
28. Sonntag C
Wahlgebet 8 oder 24
29. Sonntag A
vor der 1. Lesung: Wahlgebet 2
vor der 2. Lesung: Wahlgebet 1 oder 41
29. Sonntag B

Gott unser Vater,
du hast uns dazu berufen,
Jünger deines Sohnes Jesus von Nazaret zu werden.
Du hast uns auch berufen,
seine Mühen und Leiden mit ihm zu teilen.
Darum bitten wir dich:
Zeige uns, zu welchem Werke du uns mit ihm berufen hast,
und gib uns die Kraft des Geistes, der in ihm war.
Auf daß wir einst mit ihm leben in alle Ewigkeit.

29. Sonntag C
Wahlgebet 1 oder 41
30. Sonntag A
vor der 1. Lesung: Wahlgebet 16
vor der 2. Lesung: Wahlgebet 8 oder 19
30. Sonntag B
vor der 1. Lesung: Wahlgebet 31
vor der 2. Lesung: Wahlgebet 29
30. Sonntag C
vor der 1. Lesung: Wahlgebet 2, 4, 5 oder 6
vor der 2. Lesung: wie 10. Sonntag C vor der 2. Lesung
31. Sonntag A
vor der 1. Lesung: Wahlgebet 1 oder 2
vor der 2. Lesung: wie 10. Sonntag C vor der 2. Lesung
31. Sonntag B
vor der 1. Lesung: Wahlgebet 4
vor der 2. Lesung:

Gott unser Vater,
du hast uns Jesus gegeben als den besten aller Lehrer
und als Wegbereiter zum ewigen Leben.
Aber wir haben oftmals
andere Lehren und andere Wege im Sinn

und finden nicht zur Wahrheit.
Darum bitten wir dich:
Öffne unseren Geist und unser Herz
für Wort und Werk deines Sohnes
damit wir ihn verstehen und mit ihm leben können
in alle Ewigkeit.

31. Sonntag C

vor der 1. Lesung: Wahlgebet 4
vor der 2. Lesung: Wahlgebet 1 oder 6

32. Sonntag A

vor der 1. Lesung: Wahlgebet 41
vor der 2. Lesung: Wahlgebet 30 oder 31

32. Sonntag B

vor der 1. Lesung: Wahlgebet 1 oder 6
vor der 2. Lesung: wie am vorigen Sonntag

32. Sonntag C

vor der 1. Lesung: Wahlgebet 31
vor der 2. Lesung: Wahlgebet 8

33. Sonntag A

vor der 1. Lesung: Tagesgebet vom 33. Sonntag:
Gott, du Urheber alles Guten,
du bist unser Herr.
Laß uns begreifen, daß wir frei werden,
wenn wir uns deinem Willen unterwerfen,
und daß wir die vollkommene Freude finden,
wenn wir in deinem Dienst treu bleiben.
Darum bitten wir durch Jesus Christus.
oder: Wahlgebet 40
vor der 2. Lesung: Wahlgebet 31

33. Sonntag B

vor der 1. Lesung: Wahlgebet 31
vor der 2. Lesung: Wahlgebet 29

33. Sonntag C

vor der 1. Lesung: Wahlgebet 22 oder 31
vor der 2. Lesung: wie 5. Sonntag B vor der 2. Lesung

Christkönigsfest

Allmächtiger ewiger Gott,
du hast deinem geliebten Sohn Jesus Macht und Herrschaft

für immer übergeben
und hast ihm aufgetragen, deine Schöpfung zu erneuern
und zur Vollendung zu führen.
Nun bitten wir dich:
Laß uns verstehen, was du für uns getan hast,
und gib uns die Kraft, deinem Reiche zu dienen
mit unserem Herrn Jesus Christus, deinem Sohn.

Tagesgebete zur Auswahl aus dem deutschen Meßbuch

1. Gott, unser Vater.
Wir sind als deine Gemeinde versammelt
und rufen dich an:
Öffne unser Ohr,
damit wir hören und verstehen,
was du uns heute sagen willst.
Gib uns ein gläubiges Herz,
damit unser Beten dir gefällt
und unser Leben vor dir bestehen kann.
Darum bitten wir durch Jesus Christus.

2. Gott.
Du hast uns geschaffen –
doch wir kennen dich kaum.
Du liebst uns –
und doch bist du uns fremd.
Offenbare dich deiner Gemeinde.
Zeig uns dein Gesicht.
Sag uns, wer du bist
und was du für uns bedeutest.
Lehre uns
dich erkennen, dich verstehen, dich lieben.
Darum bitten wir durch Jesus Christus.

3. Gott.
Du hast uns zu dieser Feier geladen.
Du sagst uns dein rettendes Wort
und reichst uns das lebenspendende Brot.
Mach uns fähig, weiterzugeben,

was wir in deinen Gaben empfangen.
Darum bitten wir durch Jesus Christus.

4. Heiliger Gott.
Du bist unsagbar größer,
als wir Menschen begreifen,
du wohnst im unzugänglichen Licht,
und doch bist du uns nahe.
Gib, daß wir heute mit Ehrfurcht vor dir stehen
und froh werden in deiner Nähe.
Darum bitten wir durch Jesus Christus.

5. Gott, du bist da.
Deine Gegenwart umhüllt und durchdringt uns
wie die Luft, die wir atmen,
ohne die wir nicht leben können.
Gib, daß wir dir ganz vertrauen
und leben ohne Angst.
Darum bitten wir durch Jesus Christus.

6. Gott.
Dein Wort bringt Licht und Freude in die Welt.
Es macht das Leben reich,
es stiftet Frieden und Versöhnung.
Gib, daß wir es nicht achtlos überhören.
Mach uns aufnahmebereit.
Bring dein Wort in uns zu hundertfältiger Frucht.
Darum bitten wir durch Jesus Christus.

7. Gott.
Du suchst Menschen, die von dir sprechen
und der Welt deine gute Botschaft weitersagen.
Hilf uns,
Trägheit und Menschenfurcht zu überwinden
und deine Zeugen zu werden –
mit unserem ganzen Leben.
Darum bitten wir durch Jesus Christus.

8. Gott.
Dein Sohn ist zu uns gekommen,
nicht um sich bedienen zu lassen,

sondern um zu dienen.
Gib, daß wir von ihm lernen,
wie wir leben sollen.
Darum bitten wir durch ihn, Jesus Christus.

9. Gott des Lebens.
Durch die Auferstehung deines Sohnes wissen wir:
Der Tod ist überwunden,
der Weg zu dir steht offen,
unser Leben ist unvergänglich.
Hilf uns,
in dieser Gewißheit unser Leben anzunehmen
und daraus zu machen, was du von uns erwartest.
Darum bitten wir durch Jesus Christus.

10. Heiliger Gott.
Du hast deine Gemeinde zur Heiligkeit berufen.
Du befähigst uns schon in dieser Welt
zu einem neuen Leben.
Vergib uns,
wenn wir dennoch immer wieder versagen.
Sende uns deinen Geist
und laß uns erfahren,
daß du die Herzen der Menschen verwandelst.
Darum bitten wir durch Jesus Christus.

11. Ewiger Gott.
Dein Sohn hat unser Leben geteilt,
hat Freude erfahren und Leid ertragen – wie wir.
Gib, daß wir in guten und in bösen Tagen
mit ihm verbunden bleiben.
Darum bitten wir durch ihn, Jesus Christus.

12. Gott.
Deine Treue hat Jesus aus dem Tod gerettet.
Sie ruft auch uns
in die Herrlichkeit des neuen Lebens.
Laß diese Zuversicht in unser ganzes Leben dringen.
Laß diese Freude aus unseren Taten strahlen.
Darum bitten wir durch Jesus Christus.

13. Gott.
Wir danken dir,
daß du uns hier zusammengeführt hast.
Laß uns erkennen, was wir sind.
Laß uns glauben, was wir beten.
Laß uns tun, was du uns sagst.
Darum bitten wir durch Jesus Christus.

14. Gott.
Du hast uns verschiedene Gaben geschenkt.
Keinem gabst du alles – und keinem nichts.
Jedem gibst du einen Teil.
Hilf uns,
daß wir uns nicht zerstreiten,
sondern einander dienen mit dem,
was du einem jeden zum Nutzen aller gibst.
Darum bitten wir durch Jesus Christus.

15. Herr, unser Gott.
Junge und alte Menschen,
einfache und kluge,
erfolgreiche und solche, die sich schwertun,
hast du hier zusammengeführt als deine Gemeinde.
Gib einem jeden
etwas von deinem guten, heiligen Geist,
damit wir dich und uns selbst
und einander besser verstehen
und vorankommen auf dem Weg,
auf den du uns miteinander gestellt hast.
Darum bitten wir durch Jesus Christus.

16. Gott, unser Vater.
Bedrückt vom Elend unserer Zeit,
kommen wir zu dir.
Sieh auf die Not und Hilflosigkeit so vieler Menschen.
Laß sie an ihrem Schicksal nicht zerbrechen.
Stärke unter uns
das Bewußtsein der Verantwortung füreinander,
damit wir anfangen,
brüderlich zu teilen und einander beizustehn.
Darum bitten wir durch Jesus Christus.

17. Gott und Vater aller Menschen.
Du willst, daß wir in deinem Namen
Frieden bringen, wo Zwietracht herrscht,
Glauben wecken, wo Zweifel um sich greift,
die Hoffnung beleben,
wo Traurigkeit die Menschen lähmt.
Hilf uns, daß wir deine Liebe bekannt machen.
Darum bitten wir durch Jesus Christus.

18. Herr.
Du kennst unser Elend:
Wir reden miteinander und verstehen uns nicht.
Wir schließen Verträge und vertragen uns nicht.
Wir sprechen vom Frieden und rüsten zum Krieg.
Zeig uns einen Ausweg.
Sende deinen Geist,
damit er den Kreis des Bösen durchbricht
und das Angesicht der Erde erneuert.
Darum bitten wir durch Jesus Christus.

19. Gott.
Dein Sohn Jesus Christus
ist das Weizenkorn, das für uns starb.
Wir leben aus seinem Tod.
Nimm von uns die Angst,
für andere verbraucht zu werden.
Hilf uns, einander Gutes zu tun,
damit wir nicht vergeblich leben,
sondern Frucht bringen in Jesus Christus,
der in der Einheit des Heiligen Geistes
mit dir lebt und herrscht in alle Ewigkeit.

20. Herr, unser Gott.
Wir danken dir
für das Geschenk dieser Zusammenkunft.
Sie hält in uns lebendig,
was wir allein vergessen und verlieren würden.
Zeig uns heute neu den Sinn unseres Lebens.
Festige unsere Gemeinschaft mit dir
und miteinander.

Schenk uns den Geist deines Sohnes,
unseres Herrn Jesus Christus,
der in der Einheit des Heiligen Geistes
mit dir lebt und herrscht in alle Ewigkeit.

21. Gott, unser Vater.
Um deinen Frieden zu bringen
in unsere Welt voll Spannung und Streit,
ist dein Sohn zu uns gekommen
und hat sein Leben eingesetzt.
Er lebte nicht für sich, sondern gab sich dahin.
Laß uns erfassen, was er getan hat.
Hilf uns,
mit ihm dem Frieden und der Versöhnung zu dienen
der in der Einheit des Heiligen Geistes
mit dir lebt und herrscht in alle Ewigkeit.

22. Verborgener Gott.
Du läßt uns Menschen gewähren,
du wartest und greifst nicht ein.
Du gibst uns Zeit,
du öffnest uns Wege,
du redest zu uns in Langmut und Liebe.
Wir danken dir für deine Geduld.
Bring uns heute zur Besinnung.
Mach uns offen für dich.
Laß die ganze verlorene Menschheit hinfinden zu dir.
Darum bitten wir durch Jesus Christus.

23. Gott, unser Schöpfer.
Die Gegensätze in der Welt klagen uns an:
Reichtum und Not,
Hunger und Überfluß,
Sorglosigkeit und Leid stehen gegeneinander.
Hilf du uns allen,
daß wir aufhören, die Gegensätze zu verschärfen,
und anfangen,
einander Brüder und Schwestern zu sein.
Darum bitten wir durch Jesus Christus.

24. Barmherziger Gott.
Du bietest jedem Menschen deine Gnade an.
Auch uns hast du hierher gerufen,
obwohl du weißt, wie wir sind:
sündige Menschen, die ihr Gewissen anklagt,
Menschen mit schwachem Glauben.
Rede uns nun zu Herzen.
Tröste, ermahne und ermutige uns.
Heilige uns in deiner Gnade.
Darum bitten wir durch Jesus Christus.

25. Gott.
Du bist uns nahe,
noch bevor wir zu dir kommen.
Du bist bei uns,
noch bevor wir uns aufmachen zu dir.
Sieh deine Gemeinde, die auf dich schaut:
Sieh unsere Sehnsucht nach Glück,
unseren Willen zum Guten
und unser Versagen.
Erbarme dich unserer Armut und Leere.
Fülle sie mit deinem Leben,
mit deinem Glück,
mit deiner Liebe.
Darum bitten wir durch Jesus Christus.

26. Barmherziger Gott.
Du nimmst die Sünde ernst,
aber du läßt uns die Möglichkeit zur Umkehr.
Du verurteilst unsere Verfehlungen,
aber du lädst uns ein zu einem neuen Anfang.
Wir danken dir, daß du barmherzig bist.
Gib uns den Mut umzukehren.
Gib uns die Kraft, neu anzufangen.
Darum bitten wir durch Jesus Christus.

27. Gütiger Gott.
Bei dir ist Freude über jeden Menschen,
der umkehrt und Buße tut.
Denn du bist der Vater, der für alle ein Herz hat.

Laß uns darauf vertrauen
und deinem Ruf folgen.
Hilf uns,
daß auch wir einander vergeben,
wie du uns vergibst.
Darum bitten wir durch Jesus Christus.

28. Gott, unser Vater.
Du hast uns für die Freude erschaffen.
Dennoch begleiten Enttäuschung und Leid
unser Leben.
Hilf, daß wir dir glauben
und auch in Stunden der Not dir vertrauen.
Mach uns durch die Schmerzen reifer
und hellhörig für die Not der anderen.
Darum bitten wir durch Jesus Christus.

29. Gott.
In Jesus von Nazaret hast du der Welt
den neuen Menschen gegeben.
Wir danken dir,
daß wir ihn kennen dürfen;
daß sein Wort und Beispiel
in dieser Stunde unter uns lebendig wird.
Öffne uns für seine Gegenwart.
Rühre uns an mit seinem Geist.
Mach durch ihn auch uns zu neuen Menschen.
Darum bitten wir durch ihn, Jesus Christus.

30. Gott, unser Vater.
Du gibst dich uns Menschen zu erkennen
im Schicksal Jesu von Nazaret.
Als er von allen verlassen war,
hast du ihn durch Leiden und Tod
hindurchgeführt zum Leben.
Laß uns glauben und vertrauen,
daß auch wir in aller Bedrängnis und Not
unterwegs sind zu dir
mit unserem Herrn Jesus Christus,
der in der Einheit des Heiligen Geistes
mit dir lebt und herrscht in alle Ewigkeit.

31. Ewiger Gott.
Die Tage zerrinnen uns zwischen den Händen.
Unser Leben schwindet dahin.
Du aber bleibst.
Gestern und heute und morgen
bist du derselbe.
Von Ewigkeit her kennst du uns.
Unsere Zukunft liegt in deiner Hand.
Mach uns bereit für alles,
was du mit uns tun wirst.
Darum bitten wir durch Jesus Christus.

32. Barmherziger Gott.
Du hast auf uns gewartet,
als wir noch fern von dir waren.
Nimm uns auf,
da wir nun zu dir zurückkommen,
und gib uns wieder einen Platz an deinem Tisch.
Darum bitten wir durch Jesus Christus.

33. Gott.
Du kennst uns besser, als wir uns selber kennen.
Du weißt, wie sehr wir
der Änderung und Umkehr bedürfen.
Aber du trittst nicht mit Gewalt an uns heran
oder mit List.
Du kommst zu uns mit deinem Wort –
deinem offenen und guten,
deinem fordernden und heilenden Wort.
Gib, daß wir dir heute nicht ausweichen,
daß wir uns öffnen
und dein Wort annehmen:
Jesus Christus,
deinen Sohn, unseren Herrn und Gott,
der in der Einheit des Heiligen Geistes
mit dir lebt und herrscht in alle Ewigkeit.

34. Guter Gott.
Durch deinen Sohn Jesus Christus
hast du begonnen,

unter uns Menschen
dem Frieden und der Versöhnung Raum zu schaffen.
Mach uns
zu einer offenen und brüderlichen Gemeinde.
Hilf uns, daß wir um seinetwillen
einander annehmen und zu verstehen suchen,
auch wo wir verschiedener Meinung sind.
Darum bitten wir durch Jesus Christus.

35. Du,
der du uns deinen Namen genannt
und uns Mut gemacht hast, dich anzusprechen,
wir kommen zu dir und sagen:
Gott, unser Vater,
wir danken dir, daß du für uns da bist.
Hilf uns,
daß auch wir für dich leben –
und für die Menschen,
in denen du uns begegnest.
Darum bitten wir durch Jesus Christus.

36. Ewiger Gott.
Du selber hast uns hier zusammengeführt,
um mit uns zu reden und mit uns Mahl zu halten.
Stärke in uns die Zuversicht,
daß diese Feier sich bei dir vollenden wird –
in dem Leben, das du uns heute versprichst
und dessen Speise du uns heute gibst.
Darum bitten wir durch Jesus Christus.

37. Unser Herr Jesus Christus hat gesagt:
»Selig, die vor Gott arm sind;
denn ihnen gehört das Himmelreich.«
Darum bitten wir:
Gott, unser Vater.
Bewahre uns vor der Gier nach Reichtum und Macht.
Gib, daß wir alles, was uns anvertraut ist,
recht gebrauchen.
Lehre uns, daß die Liebe unser größter Reichtum ist –
die Liebe, die du uns schenkst

und die wir einander erweisen.
Das gewähre uns durch Jesus Christus.

38. Jesus hat gesagt:
»Ihr seid das Salz der Erde.
Wenn das Salz seinen Geschmack verliert, taugt es zu nichts mehr.«
Darum bitten wir:
Gott, unser Vater.
Laß uns nicht faul und gleichgültig werden.
Gib deiner Kirche Tatkraft und Phantasie,
die Sache deines Sohnes weiterzuführen,
damit die Menschen Stellung nehmen müssen
und in ihm den Weg zum Heil finden.
Das gewähre uns durch ihn, Jesus Christus.

39. Unser Herr Jesus Christus hat gesagt:
»Nicht Gesunde brauchen den Arzt,
sondern Kranke.
Nicht Gerechte zu rufen bin ich gekommen,
sondern die Sünder.«
Darum beten wir:
Barmherziger Gott.
Zu Unrecht halten wir uns oft für gut
und glauben, gerecht vor dir zu sein.
Wecke uns aus unserer falschen Sicherheit,
befreie uns von unserer Selbstgerechtigkeit
und heile uns durch Jesus Christus,
den Arzt der Kranken, den Heiland der Sünder,
der in der Einheit des Heiligen Geistes
mit dir lebt und herrscht in alle Ewigkeit.

40. Jesus Christus hat gesagt:
»Sorgt euch nicht um euer Leben!
Ängstigt euch nicht!
Euch soll es um das Reich Gottes gehen;
dann wird euch das andere dazugegeben.«
Darum beten wir:
Gott.
Wir fürchten,

wenn wir uns auf dich einlassen,
wird unser Leben noch schwerer;
wenn wir uns für deine Sache mühn,
kommen wir selber zu kurz.
Mach uns frei von der Angst.
Gib uns Freude an deinem Reich
und laß uns erfahren,
daß dir allein die Zukunft gehört.
Das gewähre uns durch Jesus Christus.

41. Jesus hat gesagt:
»Nicht nur vom Brot lebt der Mensch,
sondern von jedem Wort,
das aus Gottes Mund kommt.«
Darum bitten wir:
Gott, unser Vater.
Verwirrt vom Geschwätz unserer Tage,
erschöpft von Arbeit und Sorgen,
suchen wir dich und rufen:
Komm uns entgegen.
Rede uns an.
Gib uns ein Wort,
das uns ändert und heilt,
das uns nährt und befreit.
Darum bitten wir durch Jesus Christus.

3. Zu den biblischen Lesungen

Als Fortführung der Bemerkungen zum Wortgottesdienst im zweiten Teil ist hier folgendes zu ergänzen:
Die Evangelienperikopen hatten nach der alten Liturgie jeweils eine feste Einleitungsformel *In illo tempore,* »in jener Zeit ...« Diese steife Einleitung war dem deutschen Sprachgefühl sicher wenig angepaßt. Der jetzige Brauch, mehr oder minder unvermittelt in der laufenden Erzählung zu beginnen, kann allerdings nur als sprachlicher Mißgriff bezeichnet werden. Man kann nicht zu erzählen oder zu berichten beginnen: »Am gleichen Tage waren

zwei von den Jüngern...« Es muß heißen: »Am Tage der Auferstehung« oder »Am dritten Tag nach Jesu Tod« oder »Zwei Tage nach Jesu Tod«: Man kann auch nicht beginnen: »Jesus sprach zu seinen Jüngern.« Im Deutschen hat am Beginn einer Erzählung oder eines Berichtes eine Zeitangabe zu stehen, und sei es eine unbestimmte: »Jesus sprach einmal zu seinen Jüngern.« (Das macht die Evangelien nicht zu Märchen. Märchen beginnen nicht: »Einmal ging« oder »Einmal sagte«, sondern: »Es war einmal«.) Der Leser des Evangeliums ergänze deshalb den Text des Perikopenbuches entsprechend.

Im übrigen ist die liturgische Übersetzung meist ganz gut vorlesbar. Allein das »Amen (amen), ich sage euch...« kommt mir nicht über die Lippen. Hier wurde eine seinerzeit geläufige und akzeptable Formel in eine ungeläufige und inakzeptable Sprachform übersetzt, also falsch übersetzt. Besser war das frühere »Wahrlich, ich sage euch«. Man kann wohl auch übersetzen: »Ich sage euch...« oder: »Ich sage euch die Wahrheit« oder: »Glaubet mir«. Das wäre am besten deutsch.

Im übrigen wird jede Übersetzung darunter leiden, daß meist auch andere Übersetzungen möglich wären oder gar gebräuchlich sind. Es gibt keine Übersetzung, die in jedem Falle die beste ist. Deshalb hat z. B. die Integrierte Gemeinde in München sich zur Aufgabe gemacht, die biblischen Lesungen für jeden Gottesdienst neu zu erstellen, Übersetzungen mit Datum zu machen. Diesem Brauch sind kirchliche Verordnungen entgegengestellt worden, um Subjektivismen hintanzuhalten und die Geschlossenheit der kirchlichen Verkündigung zu wahren. Beide Seiten haben in diesem Falle sicher – wie meistens – Richtiges gesehen und sinnvolle Ziele gehabt. *In praxi* wird sich auch hinsichtlich der liturgischen Bibellesungen oftmals der Kompromiß am besten bewähren. Sieht man die kirchliche Leseordnung und die gerade vorgeschriebene Übersetzung wie ein fünftes Evangelium an und verbietet man sich oder anderen jede Abweichung, so schafft man sicher eine neue Ideologie und stellt Formalismen über das Wohl der Gemeinde. Sucht man ohne Notwendigkeit nach anderen Texten und anderen Übersetzungen, so öffnet man wirklich dem Subjektivismus Tür und Tor. Sieht man aber Perikopenordnung und offizielle Übersetzung als regulative Vorschrift an, so wird man in begründeten Fällen auch einmal abweichen können.

4. Offertoriumsgebete

• Die in der Regel leise zu verrichtenden *Offertoriumsgebete* könnte man sprachlich etwas glatter gestalten:

> Herr, unser Gott, Schöpfer der Welt, wir danken dir für das Brot, die Frucht der Erde und der menschlichen Arbeit. Wir bringen dieses Brot vor dein Angesicht, daß es uns zum Brot des Lebens werde.
>
> Wie dieses Wasser sich mit Wein verbindet, so lasse uns dieser Kelch teilhaben an der Gottheit des Christus, den du aus der Mitte der Menschen zur Herrlichkeit an deiner rechten Seite berufen hast.
>
> Herr, unser Gott, Schöpfer der Welt, wir danken dir für den Wein, die Frucht des Weinstocks und der menschlichen Arbeit. Wir bringen diesen Kelch vor dein Angesicht, daß er uns zum Kelch des Heiles werde.
>
> Herr, unser Gott, trotz all unserer Schwächen bitten wir dich: Nimm uns alle gütig an wie eine Gabe, an der du Freude hast.
>
> Herr wasche ab meine Schuld, von meinen Sünden mache mich rein.

• *Das Gabengebet* haben wir still zu beten vorgeschlagen. Ihre Auswahl und Übersetzung stellt demzufolge keine so wichtige Aufgabe dar.

Andererseits steht mit den *Gabengebeten zur Auswahl* im Meßbuch ein Angebot zur Verfügung, welches sich mit den Tagesgebeten zur Wahl in keiner Hinsicht messen kann. Die Sprache der Gabengebete erscheint schwerfällig und antiquiert; inhaltlich hat man den kurzen Texten viel zuviel zugemutet. Auch greifen sie, stärker als die Gabengebete zu den einzelnen Tagen, voraus auf die Thematik des Hochgebetes.

Deshalb hier noch ein paar einfachere Alternativen:

> Gott, unser Vater,
> wir haben den Tisch bereitet für das heilige Mahl.
> Nun bitten wir dich:
> Mach uns dieses Mahles würdig um deines Sohnes willen,
> der unter uns sein will, heute und immer und in Ewigkeit.

Gott, unser Vater,
wir haben unsere Gaben vor dein Angesicht gebracht.
Nun ergreife unser träges Herz,
löse uns aus aller Selbstbefangenheit,
damit wir dir das Opfer des Lobes darbringen können
durch Christus unsern Herrn.

Herr, unser Gott,
da wir den Tisch des Letzten Abendmahles vorbereiten,
gib uns du den Mut
in die Fußspuren deines Sohnes einzutreten
und zu dir zu gelangen
durch ihn, der mit dir lebt und herrscht in Ewigkeit.

Gott und Vater,
die Gaben, die wir bereitet haben,
seien Zeichen unserer Hingabe an dich.
Nun mach uns würdig,
Tischgefährten deines Sohnes zu sein,
der mit dir lebt und herrscht.

Nach einer besonderen Geldsammlung:

Die Gaben, die wir darbringen,
Vater,
nimm an um deiner Liebe willen.
Laß sie Teil des Lobes sein,
das deine Kirche dir darbringt
durch Christus, unsern Herrn.

5. Zum Hochgebet

Zum römischen Kanon sind durch die Liturgiereform als Alternative drei weitere Hochgebete getreten, ferner Hochgebete für Kinder und einige weitere Alternativen in der Schweiz. Trotzdem hat das laut und landessprachlich vorgetragene Hochgebet sich die Sympathie der Gemeinden nicht erobert. Die Hochgebete komprimieren viel Theologie und wiederholen noch einmal die Hauptthemen der Fürbitte – und das alles in einer eher hausbakkenen, unpoetischen Sprache, gegen die sich die Sprache des römischen Kanons vorteilhaft abhebt. Die so entstandene neue Belastung für die Geduld der Teilnehmer läßt sich aber mit einfachen Mitteln etwas abmildern.

Wie einfach und schön antike Hochgebete waren, sieht man noch an den zahlreich erhaltenen Vorlagen. Bei der letzten Reform hat man aus guten Gründen stets die gleichen Einsetzungsworte gewählt, bei allen vier Kanons. Dabei wird freilich ein großer Mangel fortgeschrieben: Schlußformel aus der Markustradition kommt in der Liturgie nirgendwo vor: »Ich werde von nun an nicht mehr von der Frucht des Weinstocks trinken bis zu dem Tage, da ich neu davon trinken werde (mit euch) im Reiche Gottes.« Soweit mir bekannt ist, wird dieser Satz auch bei den nichtkatholischen Liturgien unterdrückt. Ohne Zweifel ein gewichtiges Thema; denn ob ich diesen Schluß gebraucht oder sage: »Tut dies zu meinem Andenken«, macht einen großen Unterschied. Die paulinische Formel verselbständigt die Eucharistiefeier viel mehr, läßt sie als Sinnerfüllung des Letzten Abendmahls erscheinen. Die markinische Formel zielt, wie erwähnt, über das Hier und Jetzt, ja über jeden Nachvollzug hinaus, in die Erwartung des neuen Äons. Die paulinische Formel ist offensichtlich »kirchenfreundlicher«, deshalb wohl allenthalben bevorzugt. Die markinische Formel aber hat alle historische Wahrscheinlichkeit für sich. Sie ist sicher nicht erfunden worden, um die andere Formel zu verdrängen. Vielleicht stellt sie sogar das einzig historische *Verbum eucharisticum* dar. Die sogenannten Wandlungsworte könnten dann auch aus der Situation abgeleitet sein. Jedenfalls ist mit dem Markus-Schlußwort das historisch wichtigste Stück aus der Liturgie verbannt; meines Erachtens auch das poetischste, zugleich dem heutigen Menschen am leichtesten zugängliche. Diese Überlegung könnte dazu führen, daß doch einmal zu den vorgeschriebenen Einsetzungsworten eine Alternative zugelassen wird.

Ein besonderes Problem bringen die *Akklamation* »Geheimnis des Glaubens« und die folgende Antwort des Volkes mit sich: Erstens stellt diese Akklamation eine überflüssige Doublette dar. Alle vier Hochgebete sind auch ohne die Akklamation vollständig. Sie thematisieren in anderer grammatikalischer Form Tod und Auferstehung und die eschatologische Erwartung.

Die verdoppelnde Akklamation wurde zu der Zeit konzipiert, als die Messe noch auf Lateinisch gehalten werden mußte. Sie hat ihren guten Sinn durch das landessprachliche Hochgebet einfach eingebüßt.

Zweitens: Die Akklamation enthält einen unverzeihlichen Grammatikfehler. Das ganze Hochgebet richtet sich an Gott den Vater; auch die Abendmahlsgeschichte wird zunächst einmal vor ihm in Erinnerung gebracht. Die Formel, »Deinen Tod o Herr verkünden wir...« redet also aufgrund der grammatikalischen Bezüge nicht vom Sterben Jesu, sondern vom Tode Gottes und wird deshalb immer eine peinliche Sache bleiben. Wenn man die Akklamation nicht eingeführt hat, bleibe man also bei diesem Brauch. Wo sie eingeführt worden ist, trachte man danach, das unschöne liturgische Stück wieder abzuschaffen (vielleicht bei Stellenwechsel des Pfarrers). Es geht mir bei diesem Vorschlag nicht um eine rein grammatikalische Frage, sondern um den der grammatikalischen Form innewohnenden ernsten Sinn: Das Hochgebet zeichnet die Gebetsrichtung zum Vater hin aus. Diese Gebetsrichtung soll durchgehalten werden. Jesus hat uns den Weg zum Vater frei gemacht; es ist sicher nicht in seinem Sinne gehandelt, wenn wir auf den direkten Zugang zum Vater im Gebet geringen Wert legen. Die Gemeinde wird jedenfalls kaum in der Lage sein, den Wechsel des Adressaten mitzuvollziehen. Laien urteilen eher: »Das ist doch gleich, ob wir zum Vater oder zu Jesus beten.« Hier liegt allerdings ein – sonst auch recht weit verbreiteter – Doketismus oder Patripassionismus recht nahe. Übrigens ist auch der von Liturgiegeschichtlern immer wieder zu hörende Einwand unrichtig, die Akklamationen des Volkes seien immer auf Christus gerichtet. Was ist dann von der Akklamation zu halten: Laßt uns danksagen dem Herrn unserm Gott? Oder: Unsere Hilfe ist im Namen des Herrn, der Himmel und Erde erschaffen hat? Was von Sanctus?

Auch in der Gesamtthematik erscheinen die offiziellen Hochgebete noch problematisch. Der ganze Bereich, der mit den Stichworten Schöpfung, natürliche Offenbarung, angedeutet wird, tritt hier (wie sonst in der Liturgie) hinter dem Duktus der Heilsgeschichte zu weit zurück. Hier haben zwar einige neue Präfationen und das vierte Hochgebet (das man leicht kürzen kann, indem man die Wiederholung des Glaubensbekenntnisses ausläßt) etwas auszugleichen versucht. Aber das Defizit ist damit noch nicht behoben. Bedrängender noch wirkt die Erkenntnis, daß Alltag und Lebenserfahrung, Leid und Ungewißheit aus dem Gesichtskreis der Hochgebete großenteils verdrängt sind. Hier geht es um die Glaubwürdigkeit der kirchlichen Predigt und des offiziellen Betens überhaupt.

Wir schließen deshalb unseren folgenden Revisionsvorschlägen für die Hochgebete II und III noch weitere, teils bekannte, teils unbekannte Vorlagen an, jeweils leicht überarbeitet, und an letzter Stelle eine eigene: »Hochgebet vor Gott dem Schöpfer des Alls«.

Von den römischen Zentralbehörden zugelassen sind allerdings nur die vier Hochgebete des Meßbuchs, die Hochgebete für Meßfeiern mit Kindern (welche nun in einer schönen liturgischen Ausgabe vorliegen) und einige (regionale) Texte, zum Beispiel das Hochgebet für die Kirche in der Schweiz. Regional zugelassen ist zum Beispiel auch das »Hochgebet für die Erstkommunion«, das wir unten, leicht bearbeitet, abdrucken. Unter grundsätzlicher Respektierung dieser Bestimmung ist aber wenigstens die Zulassung weiterer, regional verschiedener Hochgebete anzustreben. Als Diskussionsbeiträge dazu werden die folgenden Hochgebetstexte publiziert. Es steht zu hoffen, daß wenigstens einige dieser Texte *ad experimentum* freigegeben werden.

Schließlich geht es um wichtige Dinge: Erstens sind die Menschen im deutschen Sprachraum heute individueller geprägt und voneinander (wie von Menschen anderer Regionen) verschiedener als vielleicht zu anderer Zeit. Es ist daher sehr wichtig, einerseits sehr offene, allgemein plausible Gebetstexte anzubieten. Andererseits muß es mehr Alternativen geben. Ein Priester, der nur mit Widerstreben einen vorgeschriebenen Text beten kann, wird seinen Dienst nicht optimal erfüllen können. Man kann aber auch nicht von vornherein davon ausgehen, daß jedem »guten« Priester die derzeit vorgeschriebenen Texte zugänglich genug sind.

Zweitens braucht der regelmäßige Kirchenbesucher mehr Abwechslung als die offizielle Liturgie ihm derzeit gestattet. Nicht wenige gute Katholiken müssen immer wieder die Zähne zusammenbeißen, wenn sie gewisse Formeln allzuoft über sich ergehen lassen sollen.

Drittens geht es auch um Funktion und Glaubwürdigkeit des kirchlichen Führungsamtes. Seine Verselbständigung gegenüber der Basis in den Gemeinden, wie sich im Laufe der Kirchengeschichte herausgebildet hat oder erkämpft worden ist, wird sich auf die Dauer um so besser bewähren, je ehrfürchtiger das Glaubensleben an der Basis der Gemeinden gewürdigt wird. *Vox populi vox Dei.*

Näheres zur optimalen Gestaltung von Hochgebeten findet man in dem bereitsgenannten postumen Werk *Heinrich Kahlefelds,* vor allem in den Kapiteln XI bis XIV.

Zu den Präfationen

Praefatio (etwa: »vorgemachtes Gebet«) hieß einmal das ganze Hochgebet. Durch Zwischenschaltung des Sanctus hat der Sinn sich verändert. Heute bezeichnet das Wort also die Einleitung ins Hochgebet bis zum Sanctus. Feiert man die Messe einmal ohne Sanctus, so könnte man je nach liturgischer Situation wohl nach den einleitenden Resposorien auch einmal mit wenigen Worten in den Hauptteil des Hochgebetes überleiten.

Hochgebet I:

> Wir danken dir, gütiger Vater und bringen dir das Opfer des Lobes dar für deine heilige Kirche...

Hochgebet II:

> Wir danken dir, gütiger Vater, denn du selber versammelst uns um den Tisch deines Sohnes Jesus als seine Brüder und Schwestern. Du heiligst uns und diese unsere Gaben und speisest uns mit seinem Leib und Blut. Denn am Abend...

Hochgebet III:

> Wir danken dir, Gott, und verkünden mit der ganzen Schöpfung dein Lob...

Hochgebet IV:

> Wir danken dir und preisen dich, heiliger Vater...

Nun, so kurze Überleitung wird wohl eine Ausnahme bleiben. Gerade seit der Übersetzung in die Landessprache haben die Präfationen große Bedeutung erlangt. Sie markieren feierlich den Eintritt in den innersten Bezirk, fassen die Motive der Feier noch einmal prägnant zusammen. Andererseits weisen sie fast alle textliche Probleme auf. Viele sind zu lang, um aufmerksam verfolgbar zu sein. Viele akkumulieren nicht Motive zur Feier, sondern abstrakte Lehrsätze. Oft wird eine unverständliche, antiquitierte Sprache gesprochen. Wir erlauben uns daher, einige Vorschläge zur Kürzung, zur funktionalen und zur zeitgemäßen Gestaltung vorzulegen.

Advent I

Ja, es ist recht,
dir immer und überall zu danken,
ewiger Gott und Vater,
wegen unseres Herrn Jesus Christus.
Denn er ist dein Wort,
in unserer Menschlichkeit erschienen.
In ihm hast du deinen alten Ratschluß erfüllt
und uns den Weg zum ewigen Leben erschlossen.
Wenn er einst wiederkommt in Glanz und Herrlichkeit,
dann werden wir empfangen,
was du uns verheißen hast.
Darum singen wir mit den Engeln,
mit allen Scharen des himmlischen Heeres
den Gesang von deiner göttlichen Herrlichkeit.

Weihnachten I

Ja, es ist in Wahrheit recht,
dir, heiliger Vater,
heute zu danken.
Denn Mensch geworden ist dein Wort,
und in diesem Geheimnis erstrahlt uns heller denn je
das Licht deiner Herrlichkeit.
In seiner sichtbaren Gestalt
läßt du uns den unsichtbaren Gott erkennen.
Durch ihn erweckst du in uns
die Liebe zu der kommenden Welt,
die kein Auge noch geschaut hat.
Darum . . .

Erscheinung des Herrn

Ja, wir wollen dir danken,
heiliger Vater, allherrschender Gott.
Denn erschienen ist deine ewige Gottheit
in einem sterblichen Menschen.

Er hat uns befreit aus der Finsternis
durch das Licht seiner Lehre.
Durch ihn schenkst du uns ein unsterbliches Leben.
Darum . . .

Fastenzeit I

Ja, es ist recht,
dir, heiliger Vater,
immer und überall zu danken
wegen unseres Herrn Jesus Christus.
Denn Jahr für Jahr dürfen wir
das Fest unserer Erlösung erwarten,
in Freude und mit gereinigtem Herzen.
Du selber machst uns nun eifriger im Gebet
und in den Taten der Liebe.
Du rufst uns zusammen,
um uns neues Leben zu schenken.
Darum . . .

Ostern I

Ja, es ist recht und heilsam,
dich o Gott,
heute aufs höchste zu preisen,
da Christus sich hingegeben hat zum österlichen Opfer.
Durch sein Sterben hast du unseren Tod vernichtet,
durch seine Auferstehung das Leben neu geschaffen.
Darum jubeln auf dem ganzen Erdenrund die Völker
in überströmender Freude.
Und auch die Engel und Heiligen des Himmels stimmen ein
in den Gesang von deiner Herrlichkeit
und singen ohne Ende:

Gewöhnliche Sonntage I

In Wahrheit ist es recht,
dir, Gott und Vater, zu danken
wegen unseres Herrn Jesus Christus.
Er hat uns von der Last der Sünde
und der Knechtschaft des Todes befreit
und zu einem neuen, herrlichen Leben berufen.
Durch ihn sind wir dein heiliges Volk geworden,

deine königliche Priesterschaft.
Darum ...

Eucharistie I

Ja, es ist in Wahrheit recht,
dir, heiliger Vater, zu danken
für unseren Herrn Jesus Christus.
Er selber hat uns diese Feier gestiftet und uns aufgetragen,
daß wir sie immerdar begehen zu seinem Gedächtnis.
So empfangen wir beim heiligen Mahl das Brot des Lebens.
Wir künden von seinem Tod und seiner Auferstehung,
bis er wiederkommen wird.
Wir stimmen ein in das Lob,
das Engel und Heilige dir darbringen,
und singen mit ihnen, dir zur Ehre:

Hochgebete

Modifizierte Kurzfassung von Hochgebet I

Wir loben und preisen dich, heiliger Vater,
durch Jesus Christus, deinen Sohn.
Er ist unser Erlöser, er ist unser Retter und Heiland.

Er heiligt diese Gaben, Brot und Wein,
und macht sie uns zu seinem Leib und zu seinem Blut.
Denn in dieser Feier erfüllen wir den Auftrag,
den er am Abend vor seinem Leiden
den Aposteln gegeben hat.

Als er mit ihnen das Ostermahl hielt,
da nahm er Brot, dankte dir Vater,
brach das Brot seinen Jüngern und sagte:
NEHMT UND ESST ALLE DAVON –
DAS IST MEIN LEIB,
DER FÜR EUCH HINGEGEBEN WIRD.

Ebenso nahm er den Kelch, dankte dir Vater wieder,
gab den Kelch seinen Jüngern und sagte:
NEHMT UND TRINKT ALLE DARAUS –
DAS IST DER KELCH

DES NEUEN UND EWIGEN BUNDES,
MEIN BLUT,
DAS FÜR EUCH
UND FÜR ALLE VERGOSSEN WIRD
ZUR VERGEBUNG DER SÜNDEN.
TUT DIES ZU MEINEM GEDÄCHTNIS.

Großer und barmherziger Gott,
mit Freude denken wir an Jesus Christus.
Wir künden von seinem heilbringenden Leiden und von seiner Auferstehung
und feiern sein Opfer, durch das er uns erlöst.

Wir bitten dich vertrauensvoll:
Wenn wir das Brot des Lebens
und den Kelch des Heils empfangen,
schenk uns im Heiligen Geist Licht, Leben und Kraft.

Wir bitten dich auch für alle,
die unserem Beten vertrauen,
für Papst,
für unsern Bischof,
für unsere Freunde und Verwandten,
für die Kranken, Bedrängten und Notleidenden,
...
[hier können noch Anliegen genannt werden]
für alle Lebenden und Verstorbenen.

Nimm uns einmal alle auf in die Gemeinschaft der Heiligen,
mit denen wir dich durch Jesus Christus
loben, preisen und verherrlichen.

Durch ihn und mit ihm
ist dir, Gott, allmächtiger Vater,
in der Einheit des Heiligen Geistes
alle Herrlichkeit und Ehre jetzt und in Ewigkeit.
Amen.

Bearbeitet vom Verfasser nach: Robert Trottmann

Vorschlag zu Hochgebet II

Ja, du bist heilig, großer Gott,
du bist der Quell aller Heiligkeit.
Du sendest[1] deinen Geist auf uns[2]
und auf diese Gaben herab
und heiligst (uns und) sie,
läßt[3] sie uns werden
Leib und Blut deines Sohnes,
unseres Herrn Jesus Christus.

Denn am Abend,
an dem er ausgeliefert wurde
und sich[3] dem Leiden unterwarf,
nahm er das Brot und sagte Dank,
brach es,
reichte es seinen Jüngern und sprach:
NEHMET UND ESSET ALLE DAVON:
DAS IST MEIN LEIB,
DER FÜR EUCH HINGEGEBEN WIRD.

Ebenso nahm er nach dem Mahl den Kelch,
dankte wieder,
reichte ihn seinen Jüngern und sprach:

NEHMET UND TRINKET ALLE DARAUS:
DAS IST DER KELCH
DES NEUEN UND EWIGEN BUNDES,
MEIN BLUT,
DAS FÜR EUCH
UND FÜR ALLE VERGOSSEN WIRD
ZUR VERGEBUNG DER SÜNDEN.
TUT DIES ZU MEINEM GEDÄCHTNIS.

So[4] feiern wir, gütiger Vater, das Gedächtnis
des Todes und der Auferstehung deines Sohnes
und danken dir,[5]
daß du auch uns berufen hast,
vor dir zu stehen und mit ihm dir zu dienen.
Wir bitten dich:
Schenke uns Anteil an Christi Leib und Blut
und laß uns eins werden
durch seinen Heiligen Geist.

Gedenke deiner Kirche auf der ganzen Erde
und vollende dein Volk in der Liebe,
vereint mit unserem Papst N.,
unserem Bischof N.,
unseren Priestern[3]
und mit allen,
die zum Dienst in der Kirche bestellt sind.

Gedenke unserer Brüder und Schwestern,
die entschlafen sind in der Hoffnung,
daß sie auferstehen.
(Nimm sie
und alle, die in deiner Gnade
aus dieser Welt geschieden sind,
in dein Reich auf,
wo sie dich schauen
von Angesicht zu Angesicht.)

Vater, erbarme dich über uns und alle.
Laß uns[3] zum ewigen Leben gelangen
in der Gemeinschaft mit der seligen
Mutter[3] Maria,
mit deinen Heiligen
und mit allen,
die bei dir Gnade gefunden haben
von Anbeginn der Welt,
daß wir dich loben und preisen
durch deinen Sohn Jesus Christus.

Durch ihn und in ihm ist dir,
Gott, allmächtiger Vater, in der Einheit
des Heiligen Geistes alle Herrlichkeit und Ehre,
jetzt und in Ewigkeit.
Amen.

Anmerkungen zum Vorschlag zu Hochgebet II:

(Unsere Modifikation zielt darauf, den Text weniger schwierig, kürzer, aktueller zu machen und auf Sprachelemente zu verzichten, die den heutigen Menschen nicht mehr unmittelbar zugänglich sind:)

1 *Der Indikativ des Lobgebetes läßt sich so beibehalten.*
2 *Die Gemeinde wird in die Heiligung einbezogen. Das verdeutlicht den Sinn des Sakramentes, engagiert die Gemeinde stärker und schützt vor einer sinnwidrigen Verdinglichung.*
3 *Vereinfachung der Grammatik.*
4 *Das Hochgebet begründet nicht das Gedächtnis, sondern ist es.*
5 *Der Satz mit »darbringen« wird eliminiert, um nicht die Eucharistie wie ein zweites Opfer neben dem Kreuzestod erscheinen zu lassen.*

Weitergehender Vorschlag zu Hochgebet II

Ja, du bist heilig, großer Gott, von dir kommt
alle Heiligkeit.
Du sendest deinen Geist auf uns
und auf diese Gaben herab
und heiligst uns und sie,
speisest selber uns[1]
mit Leib und Blut deines Sohnes,
unseres Herrn Jesus Christus.

Denn am Abend,
an dem er ausgeliefert wurde
und sich (aus freiem Willen)
dem Leiden unterwarf, sprach er:
Mit Sehnsucht habe ich danach verlangt,
dieses Mahl mit euch zu halten,
bevor ich leide.[2]

Dann nahm er das Brot und sagte Dank,
brach es,
reichte es seinen Jüngern und sprach:

NEHMET UND ESSET ALLE DAVON:
DAS IST MEIN LEIB,
DER FÜR EUCH HINGEGEBEN WIRD.

Ebenso nahm er nach dem Mahl den Kelch,
dankte wieder,
reichte ihn seinen Jüngern und sprach:

NEHMET UND TRINKET ALLE DARAUS:
DAS IST DER KELCH
DES NEUEN UND EWIGEN BUNDES,
MEIN BLUT,
DAS FÜR EUCH
UND FÜR ALLE VERGOSSEN WIRD
ZUR VERGEBUNG DER SÜNDEN.
TUT DIES ZU MEINEM GEDÄCHTNIS.

So feiern wir,
gütiger Vater,
das Gedächtnis deines Sohnes.
Wir denken an
(seine Geburt im Stalle zu Betlehem)

(sein heiliges Leben und seine Lehre)
(seine Liebe zu allen Menschen und zu deiner Wahrheit),[3]
an seinen Tod und seine Auferstehung
und danken dir,
daß du auch uns berufen hast,
vor dir zu stehen und mit ihm dir zu dienen.
Wir bitten dich:
Schenke uns Anteil an Christi Leib und Blut
und lasse uns eins werden
durch seinen Geist.

Gedenke darum deiner Kirche auf der ganzen Erde
und vollende dein Volk in der Liebe
unseren Papst N.,
unseren Bischof N.,
unsere Priester
und alle,
die zum Dienst in der Kirche bestellt sind.

Gedenke (aller) unserer Brüder und Schwestern,
die entschlafen sind in der Hoffnung,
daß sie auferstehen.
Nimm sie und uns alle[4] einst
in dein Reich auf,
wo wir dich schauen
von Angesicht zu Angesicht.

Darum bitten wir dich[5] mit
den Worten, die dein Sohn
Jesus uns zu beten gelehrt hat.

Anmerkungen zum weitergehenden Vorschlag zu Hochgebet II:

1 *Nicht die Herstellung der eucharistischen Speise, sondern die Speisung der Gemeinde soll als das wahre Ziel der Anamnese genannt werden.*
2 *Die Gemeinde soll nicht nur zuhören, sondern mitfühlen mit Jesus; sich am Tisch des Abendmahles fühlen. Das begünstigt unser Einschub.*
3 *Das Gedächtnis gilt der Person Jesu, nicht nur seinem Tode. Das kann durch vielerlei Einschübe, je nach Thematik des Gottesdienstes, hervorgehoben werden.*
4 *Kürzung.*
5 *Der unmittelbare Anschluß des Vaterunser läßt dieses zum Abschluß des Hochgebetes werden. Die Liturgie wird überschaubarer, verständlicher und dynamischer.*

Vorschlag zum Hochgebet III

Ja, du bist heilig, großer Gott,
und deine Werke verkünden dein Lob.
Durch deinen Sohn,
unseren Herrn Jesus Christus,
erfüllst du die ganze Schöpfung mit
der Kraft deines Geistes,
(mit Leben und Gnade).[1]
Bis ans Ende der Zeiten
versammelst du dir ein Volk,
das deinem Namen das Opfer des Lobes[2] darbringt,
vom Aufgang der Sonne bis zum Untergang.[3]

Du heiligst uns und unsere Gaben
durch deinen Geist
und speisest selber uns mit Leib und Blut
deines Sohnes, unseres Herrn Jesus Christus,
der uns aufgetragen hat,
dieses Geheimnis zu feiern.

Denn in der Nacht, da er verraten wurde,
nahm er das Brot und sagte Dank,
brach es,
reichte es seinen Jüngern und sprach:

NEHMET UND ESSET ALLE DAVON:
DAS IST MEIN LEIB,
DER FÜR EUCH HINGEGEBEN WIRD.

Ebenso nahm er nach dem Mahl den Kelch,
dankte wieder,
reichte ihn seinen Jüngern und sprach:

NEHMET UND TRINKET ALLE DARAUS:
DAS IST DER KELCH
DES NEUEN UND EWIGEN BUNDES,
MEIN BLUT,
DAS FÜR EUCH
UND FÜR ALLE VERGOSSEN WIRD.

Glaubet mir: Ich werde nun nicht mehr
von der Frucht des Weinstocks trinken,
bis ich von neuem mit euch trinken werde
im Reiche Gottes.[3]

So feiern wir, gütiger Vater,
das Gedächtnis deines Sohnes.
Wir künden von seinem heilbringenden Leiden,
von seiner Auferstehung
und erwarten seine Wiederkunft.[4]

Seinetwegen schau gütig auf deine Kirche.[5]
(Denn sie stellt dir
das Lamm vor Augen,
das geopfert wurde
und uns mit dir versöhnt hat.)
Stärke uns durch Leib und Blut
deines Sohnes
und erfülle uns mit seinem Geist,
damit wir alle ein Leib und ein Geist werden
in Christus.[6]

Er mache uns zu einer Gabe,
die dir wohlgefällt,
damit wir das verheißene Erbe erlangen
mit deinen Auserwählten,
mit der seligen (Gottes)Mutter Maria,
mit deinen Aposteln und Märtyrern,
(mit ...)
und mit allen Heiligen,
auf deren Fürsprache wir vertrauen.

Barmherziger Gott, wir bitten dich:
Diese Feier der Versöhnung
bringe der ganzen Welt Frieden und Heil.
Beschütze deine Kirche
auf ihrem Weg durch die Zeit
(und stärke sie im Glauben und in der Liebe:
deinen Diener, unseren Papst N.,
unseren Bischof N.,
die Gemeinschaft der Bischöfe, unsere Priester und Diakone
alle, die zum Dienst in der Kirche bestellt sind,
und das ganze Volk der Erlösten).

Erhöre, gütiger Vater,
die Gebete der hier versammelten Gemeinde
und führe zu dir
auch alle deine Söhne und Töchter,
die noch fern sind von dir.

Erbarme dich unserer
verstorbenen Brüder und Schwestern und aller,
die in deiner Gnade aus dieser Welt geschieden sind.
Nimm sie auf in deine Herrlichkeit.
Und mit ihnen laß auch uns,
wie du verheißen hast,
einst zu Tisch sitzen in deinem Reich.

(Dann wirst du alle Tränen trocknen.
Wir werden dich, unseren Gott, schauen, wie du bist,
dir ähnlich sein auf ewig
und dein Lob singen ohne Ende.)
Darum bitten wir dich

durch unseren Herrn Jesus Christus.
Denn durch ihn
schenkst du der Welt alle guten Gaben.

Anmerkungen zum Vorschlag zu Hochgebet III:

1 *Einfacher; verständlicher. Variationsmöglichkeiten: »erfüllst du deine Schöpfung mit Hoffnung und Zuversicht – mit Hoffnung und Freude – mit deinem Geist – mit dem Geiste der Wahrheit und Gerechtigkeit.« Oder: »führst du deine Schöpfung der Vollendung entgegen.«*
2 *Das »Opfer des Lobes« löst in den ältesten Schichten des NT die materiellen Opfer ab.*
3 *So kann dieses älteste und historisch wahrscheinlichste der verba eucharistica in die Liturgie Eingang finden.*
4 *Diese Form vermeidet Pleonasmus. Ähnlich die folgenden Vereinfachungen.*
5 *Der personale Bezug wird dem dinghaften vorgezogen.*
6 *Das »alle« macht den Satz verständlicher und bildet einen akustischen Ausgleich gegen die vielen »ei«.*

Hochgebet nach dem Ersten Clemensbrief

Wir danken dir, o Gott, Schöpfer des Alls,
durch deinen geliebten Knecht Jesus Christus,
durch den du uns berufen hast aus der Finsternis ins Licht,
von der Unwissenheit zur Erkenntnis deines Namens,
der du uns die Augen aufgeschlossen hast,

daß wir dich erkennen,
den einzigen Höchsten,
den Heiligen,
der demütigt den Stolz der Prahler,
der zuschanden macht die Anschläge der Heiden,
der reich macht und der arm macht,
der Tod und Leben schafft,
der überwacht die Werke der Menschen,
den Helfer der Gefährdeten,
den Heiland der Verzweifelten,
den Schöpfer und Bischof jeglichen Geistes.

Der du schaffst die vielen Völker auf der Erde
und aus allen jene auserwählt hast, die dich lieben.
Durch Jesus Christus, deinen geliebten Knecht,
durch den du uns erzogen, geheiligt und geehrt hast.

[Zu seinen Freunden und Tischgenossen
hat er Fromme und Sünder gemacht
und uns alle.
Denn in der Nacht, da er verraten wurde,
nahm er das Brot, sagte dir Dank,
brach es und sprach:
NEHMET UND ESSET ALLE DAVON,
DAS IST MEIN LEIB,
DER FÜR EUCH HINGEGEN WIRD.
Dann nahm er auch den Kelch,
dankte wieder
und gab ihn seinen Jüngern mit den Worten:
TRINKET ALLE DARAUS,
DAS IST DER NEUE BUND
IN MEINEM BLUTE.
Und ich sage euch:
Ich werde von der Frucht des Weinstocks
nicht mehr trinken
bis ich von neuem mit euch trinken werde
im Reiche Gottes.
Dann gab er sich in die Hände seiner Feinde
und starb am Kreuz.
Du aber hast ihn auferweckt von den Toten
und zu deiner Rechten erhoben in Herrlichkeit.]

Um scinetwillen bitten wir dich, Vater,
sei unser Helfer und nimm dich unser an:
die unter uns in Bedrängnis sind, errette,
der Bedrückten erbarme dich,
die Gefallenen richte auf,
den Betenden zeige dich,
die Kranken heile,
die Irrenden in deinem Volke
führe wieder auf die rechte Bahn.
Speise die Hungernden,

erlöse unsere Gefangenen,
mache gesund die Kranken,
tröste die Kleinmütigen.
Erkennen sollen alle Völker,
daß du bist der Gott
und Jesus Christus dein Knecht
und wir dein Volk und die Schäflein deiner Weide
heute und allezeit und in Ewigkeit.
Amen.

Bearbeitet und ergänzt vom Verfasser nach der deutschen Übersetzung von Klaus Gamber, in: Liturgie übermorgen, Freiburg 1966.

Anmerkung:
Die eingeklammerte Abendmahls- und Transitus-Erzählung ist von mir eingeschoben. Der Originaltext aus dem Clemensbrief scheint ein Eucharistiegebet ohne Abendmahlsgeschichte vorzustellen. Solche Texte scheint es im Altertum häufig gegeben zu haben. Eucharistie bedeutete dann (und bedeutet demnach) nicht notwendig den Nachvollzug des Letzten Abendmahles, sondern kann auch einfach Fortsetzung jener Mähler sein, die Jesus mit Freunden und Feinden und nach der Auferweckung mit seinen Jüngern hielt.

Holländisches Dankgebet der Eucharistie

Du wahrhaft verborgener Gott
jenseits aller menschlichen Namen und Begriffe,
dich erahnen wir hinter allem, was lebt, als Urgrund aller Dinge.
Du bist es,
den Jesus seinen Vater nannte
und den auch wir als unseren Vater anrufen dürfen.
Darum stimmen wir mit allen,
die auf der Suche sind nach dir,
ein in den Lobpreis der Engel
und singen mit ihnen zu deiner Ehre
Heilig ...
Gelobt sei, der da kommt in deinem Namen und Auftrag:
Jesus Christus,
an Sohnes Statt von dir angenommen

und uns zum Bruder und Weggefährten gegeben,
da er sein Leben nur für andere lebte.
Er wollte den Menschen dienen
und nichts anderes erreichen,
als daß wir ihm darin folgen.
Am Abend,
bevor er – von einem Freund verraten
und von seinen Feinden ans Kreuz geschlagen –
sein Leben für seine Sendung dahingab,
hat er die seinen noch einmal um sich versammelt
und ihnen die Füße gewaschen
wie der Geringste unter allen Knechten.
Dann nahm er, als sie beim Mahle saßen, das Brot,
dankte, brach es ihnen und sprach:
NEHMT UND ESST VON DIESEM BROT –
ES IST MEIN LEIB FÜR EUCH!

Als das Mahl zu Ende ging,
nahm er den Kelch mit Wein,
segnete ihn
und reichte ihn weiter
mit den Worten:

TRINKET ALLE DARAUS
ZUM ZEICHEN DES NEUEN BUNDES!
ES IST DER KELCH MEINES BLUTES,
DAS FÜR EUCH
UND FÜR ALLE VERGOSSEN WIRD
ZUR VERGEBUNG ALLER SCHULD
DIESER WELT.
SOOFT IHR DIES TUT,
SOLL EUCH DIESES MAHL DARAN ERINNERN.
Dann machte er sich auf den Weg,
gab sich in die Hände der Feinde
und starb den Tod am Kreuz.
Du aber, ewiger Vater
hast ihn nicht im Tod gelassen.
Du hast ihn auferweckt und uns dadurch
Grund zur Hoffnung geschenkt,
daß wir mit ihm auf immer das Leben haben.

Darum erbitten wir in dieser Stunde etwas von der Gesinnung Jesu:
etwas von seiner Selbstlosigkeit und Brüderlichkeit,
etwas, das uns hilft,
die Enge unseres Denkens und unserer Wünsche zu sprengen
und seinem Wege zu folgen.
Gib uns den Geist deines Sohnes Jesus
und laß uns voll Vertrauen die Worte sprechen,
die er einst seine Jünger gelehrt hat:
Vater unser ...
Das Brot, das wir hier brechen und miteinander teilen,
schenke uns die Gemeinschaft mit Jesus Christus.
Der Kelch, aus dem wir trinken,
verbinde uns mit ihm.
Dann sind wir einander in Achtung und Liebe verbunden,
denn wir essen alle das gleiche Brot
und gehen zusammen den gleichen Weg.
Der Friede des Herrn sei mit uns allen!

Bearbeitet vom Verfasser nach: A. Schilling, Fürbitten und Kanongebete der holländischen Kirche, [7]1969, S. 288–291.

Hochgebet der Kirche von Schweden

Wir danken dir, Herr des Himmels und der Erde.
Du öffnest deine Hand und sättigst die Hungrigen.
Du schenkst uns das tägliche Brot, Gesundheit und Kraft.
Du laßt das Korn und die Trauben reifen,
bis sie Brot und Wein werden.
Du deckst uns diesen Tisch.
Laß deinen Geist um uns und diese Gabe sich bewegen,
damit wir Teil haben an dem himmlischen Brot
und dem gesegneten Kelch,
welche Christi Leib und Blut sind.
Denn in der Nacht, da er verraten wurde,
nahm er das Brot, dankte dir Gott, dem Vater,
brach es und gab es seinen Jüngern und sprach:
NEHMT UND ESST!
DAS IST MEIN LEIB,
DER FÜR EUCH GEGEBEN WIRD.

Dann nahm er auch den Kelch,
dankte
und gab ihn seinen Jüngern und sprach:
TRINKT ALLE DAVON!
DIESER KELCH IST DER NEUE BUND
IN MEINEM BLUT,
DAS FÜR ALLE VERGOSSEN WIRD
ZUR VERGEBUNG DER SÜNDEN.
SOOFT IHR ES TRINKT,
TUT ES ZU MEINEM GEDÄCHTNIS.
Herr und Gott,
wir erinnern uns auch an die Nacht,
in der er sich dem Leiden übergab.
Wir denken an sein Leiden am Kreuz
und an seine Auferstehung,
sein Leben bei dir in der Herrlichkeit.
Hier begegnen wir ihm,
der für uns betet und kommen wird,
die Lebenden und die Toten zu richten
am Tag, den du bestimmst.
Mit ihm danken wir dir für das Versprechen
des neuen Himmels und der neuen Erde,
in denen Gerechtigkeit wohnt.
Mit ihm bitten wir um das Reich, das du uns verheißen hast.

Bearbeitet vom Verfasser nach der deutschen Übersetzung von John W. Siegmund, in: Amtsblatt der Evangelisch-Lutherischen Landeskirche Sachsens vom 11. Juni 1979, dort auch der folgende Text von H. Kahlefeld.

Meditation nach Art einer Eucharistia

Gütiger Vater, barmherziger Gott!
Du hast uns Jesus gegeben, unseren Meister.
Er hat uns gelehrt,
dich in deiner Hoheit zu verehren
und zugleich deine arglose Liebe zu erkennen:
– daß du den Verlorenen wiederhaben willst
und Freude hast, wie der Hirt über sein Schaf,
wie die Frau über ihren Silberling,

wie der alte Vater über seinen elenden Sohn.
– daß du den Menschen in Freiheit willst,
gebunden nur an deine Güte für alle Geschöpfe;
die Armen, die Kranken, die Sterbenden,
die Rechtlosen in der Welt,
die Erniedrigten und Entehrten,
die Geschlagenen, die unter die Räuber gefallen sind;
aber auch die Starken, die Sicheren, die Reichen,
jene, die sich schwer tun
mit der Weisheit, die den Tod bedenkt,
mit Geduld und Barmherzigkeit;
(gebunden an dein Werk,
wie der Knecht, dem du das Deine anvertraut hast,
daß er es besorge;
gebunden wie der Bote deines Wortes,
der nicht Haus und Weib und Kind hat,
weil du ihn verbrauchst in deinem Dienst.)

Du hast uns Jesus gegeben, unsern Meister.
Er hat den Mund aufgetan und nicht geschwiegen,
wo es um deine Wahrheit ging und unser Heil.
Er hat die Gefahr gesehen und ist nicht gewichen,
hat durchschaut, was die Priester und Gelehrten planten,
und hat nicht den Ausweg der Klugheit gewählt.
Er ist den Weg der Propheten gegangen,
und sein Ende war, daß er am Galgen der Heiden starb.

Du hast es nicht gehindert,
daß er in die Gewalt der Menschen geriet,
aber im Augenblick des Todes
hast du ihn an dich gezogen;
hast ihm die Macht des Geistes gegeben
und ihn zum Herrn über alle gesetzt.

Daran gedenken wir, indem wir tun,
was er getan bei jenem letzten Mahl mit seinen Jüngern.
Als er den ersten Becher gesegnet hatte,
sprach er zu ihnen:
Nehmt und teilt ihn unter euch;
denn ich sage euch,

von nun an werde ich nicht mehr
vom Gewächs des Weinstocks trinken bis zu jenem Tage,
da ich es neu mit euch trinke
im Reich meines Vaters.
Dann aber erhob er das Brot
und sprach das Lobgebet darüber,
brach es und sagte zu ihnen:
NEHMT UND ESST!
MEIN LEIB – FÜR EUCH.
Und als das Mahl beendet war
und man sich niedergelassen hatte,
nahm er den Becher, hob ihn an
und sagte das Dankgebet.
Dann reichte er ihnen den Jüngern und sprach:
TRINKET ALLE DARAUS!
DIESER BECHER IST DER NEUE BUND
KRAFT MEINES BLUTES.
DAS TUT, SOOFT IHR ESST UND TRINKT,
ALS MEIN GEDÄCHTNIS!
Gütiger Gott,
(da diese Begehung, die er uns aufgetragen,
heraufruft,
was er in seinem Lobgebet
dir zeichenhaft bekundet hat:
seinen Gehorsam, seine Hingabe,
so) laß, was ihn bewegte, mächtig werden über uns,
die wir es wagen, in sein Geheimnis einzugehen.
Mach diese Feier fruchtbar in der Güte zu den Menschen;
lehre uns Achtung und Gerechtigkeit,
Verständnis und Geduld, Nachsicht und Vergebung.
Mach uns hell und stark,
gib uns Kraft, um dein Evangelium zu kämpfen und zu leiden,
und erfülle uns mit der Freude, die von dir kommt.
Nach dem Bilde deines Sohnes bilde uns!
Durch ihn will dich rühmen diese Gemeinde,
der er Anteil gibt an seinem Tisch und seinem Becher,
Christus, unser Herr.
(Durch ihn und mit ihm ...)

Heinrich Kahlefeld

Kurzes Hochgebet

Wir preisen Dich, Herr, unser Gott,
wie Dein Sohn Dich gepriesen hat
im Anblick des Todes.
Denn in der Nacht,
da er dem Leiden ausgeliefert wurde,
nahm er das Brot
und sprach den Dank darüber,
brach es und gab es seinen Jüngern.
Und er sprach zu ihnen:
NEHMT UND ESST ALLE DAVON:
DAS IST MEIN LEIB – FÜR EUCH.
Nach dem Essen tat er ebenso mit dem Becher,
und er sprach:
DIESER BECHER IST DER NEUE BUND
KRAFT MEINES BLUTES!
TRINKT ALLE DARAUS.
SO SOLLT IHR TUN
UND MEINEN TOD VERKÜNDEN
BIS ZU DEM TAG, DA ICH KOMME.
So feiern wir das Gedächtnis, Herr, unser Gott,
das Dein Sohn uns gestiftet hat.
Wir gedenken an seinen Tod
und preisen Deine wunderbare Tat,
die ihn zu Dir erhoben hat in Herrlichkeit.

Schau herab auf uns, gütiger Vater,
da wir versammelt sind um den Tisch Deines Sohnes.
Laß seine Treue, seine Hingabe, seine Liebe
mächtig werden über unser Herz.
Erlöse uns in die Freiheit, die wir an ihm erkennen.
Mach uns eins in der Bruderliebe, die er verlangt,
und stärke uns durch Deinen Geist, der uns fähig macht,
Dich Vater zu nennen.

So sprechen wir voller Vertrauen zu Dir:
Vater unser im Himmel . . .

Zitiert in: H. Kahlefeld, Das Abschiedsmahl Jesu und die Eucharistie der Kirche. Frankfurt/M. 1980, S. 173.

Hochgebet vom Wort Gottes im Ackerfeld dieser Zeit

(nach 3. Hochgebet für Meßfeiern mit Kindern)

Wir danken dir, Gott und Vater im Himmel.
Denn du hast diese Welt geschaffen
und uns Menschen ins Leben gerufen.

Du willst,
daß wir die Erde bebauen und von ihr leben.
Du willst,
daß wir für deine Schöpfung Sorge tragen,
daß wir das Brot mit allen Menschen teilen
und den Wein in lauterer Freude miteinander trinken.

Darüber freuen wir uns,
dafür danken wir dir.
Zusammen mit allen, die an dich glauben,
zusammen mit den Heiligen und Engeln
preisen wir dich und singen:
Heilig, heilig, heilig ...

Ja, du bist heilig, großer Gott,
und von Herzen gut zu allen Menschen.

Damit deine Güte und Liebe unter uns lebendig ist,
damit wir brüderlich zusammenleben und zusammenwirken,
damit wir nicht nur deine Geschöpfe,
sondern auch deine geliebten Kinder sind,
darum hast du ja deinen Sohn in die Welt gesandt.

Er ist zu uns gekommen
und süt die Worte von deiner Gerechtigkeit,
von deinem Frieden und von deiner Liebe in unser Herz.

Er hat uns jetzt zusammengeführt an diesen Tisch,
damit wir tun, was er getan hat,
als er am Abend vor seinem Tod
mit den Jüngern das Mahl feierte.

Da hat er Brot genommen
und dir, Vater, gedankt.
Er hat das Brot mit seinen Freunden geteilt und gesagt:

NEHMET UND ESSET ALLE DAVON:
DAS IST MEIN LEIB,
DER FÜR EUCH HINGEGEBEN WIRD.

Dann hat er den Kelch mit Wein genommen
und dich, Vater, wieder gepriesen.
Er hat den Kelch seinen Jüngern gegeben und gesagt:

NEHMET UND TRINKET ALLE DARAUS:
DAS IST DER KELCH DES NEUEN
UND EWIGEN BUNDES,
MEIN BLUT,
DAS FÜR EUCH
UND FÜR VIELE VERGOSSEN WIRD
ZUR VERGEBUNG DER SÜNDEN.
TUT DIES ZU MEINEM GEDÄCHTNIS.

Darum sind wir hier versammelt, Vater,
und denken voll Freude an alles,
was Jesus für uns getan hat
und auch jetzt für uns tut.

Akklamation: Gott, wir loben dich, Gott wir preisen dich,
o laß im Hause dein, uns all geborgen sein.

Dein Sohn hat sein Leben hingegeben.
Er ist auferstanden von den Toten.
Er lebt mitten unter uns.

Akklamation: Gott, wir loben dich, Gott, wir preisen dich,
o laß im Hause dein, uns all geborgen sein.

Am Ende der Zeit wird Christus kommen in Herrlichkeit.
Dann wird es keine Not mehr geben
und niemand braucht mehr zu weinen und traurig zu sein.

Akklamation: Gott, wir loben dich, Gott, wir preisen dich,
o laß im Hause dein, uns all geborgen sein.

Vater, du hast uns zu diesem Mahl eingeladen.
Wir danken dir und bitten dich:
Wenn wir den Leib und das Blut Jesu Christi empfangen,
gib uns im Heiligen Geist die Kraft,
so zu leben, daß in allem dein Wille geschieht.

Wandle du unsere Herzen um,
damit wir – wie guter Boden für den Samen –
für dein Wort weit offen sind,
dein Wort tief erfassen,
deinem Wort Raum geben
in unserem Denken, Reden und Tun.

Zusammen mit Papst N.
und unserem Bischof bitten wir dich:
Laß uns einst mit allen, die an dich glauben,
für immer bei dir zu Hause sein
und mit Maria und allen Heiligen
dein Lob singen durch unsern Herrn Jesus Christus.

Durch ihn und mit ihm und in ihm
ist dir, Gott, allmächtiger Vater,
in der Einheit des Heiligen Geistes
alle Ehre und Verherrlichung jetzt und in Ewigkeit.
Amen.

Bearbeitet vom Verfasser nach: Robert Trottmann

Entwurf eines Hochgebetes für jüngere Kinder

Gott unser Vater!
Wir danken dir für das Brot,
das uns nährt,
und für den Wein,
der Freude schenkt.

Besonders aber danken wir für Jesus,
deinen lieben Sohn,
unsern Freund und Bruder.
Er gibt allen, die an ihn glauben,
seinen Leib als Speise
und sein Blut als Trank.
Denn er ist mitten unter uns,
wie er damals
in der Nacht vor seinem Tod
bei seinen Jüngern und Freunden war.

Sie waren um einen Tisch versammelt
und hielten Mahl.
Da nahm Jesus Brot in seine Hände,
betete – und lobte dich, guter Vater.
Dann teilte er das Brot und sagte:
NEHMT UND ESST ALLE DAVON:
DAS IST MEIN LEIB,
DER FÜR EUCH HINGEGEBEN WIRD.

Auch den Kelch nahm er in seine Hände.
Und wieder lobte er dich, Vater,
aus ganzem Herzen.
Dann gab er den Kelch und sagte:

NEHMT UND TRINKT ALLE DARAUS:
DAS IST DER KELCH
DES NEUEN UND EWIGEN BUNDES,
MEIN BLUT,
DAS FÜR EUCH
UND FÜR ALLE VERGOSSEN WIRD
ZUR VERGEBUNG DER SÜNDEN.
SO SOLLT IHR IMMER WIEDER
MEINER GEDENKEN.

Vater im Himmel!
So denken wir jetzt in dieser Stunde
an deinen Sohn Jesus Christus:
Er hat für uns gelebt
und sich eingesetzt für uns
bis zum Tod am Kreuz.
Du aber hast ihn auferweckt
und ihm neues Leben geschenkt.
Herrlich wird er wiederkommen,
um uns alle heimzuholen
in dein Haus,
an deinen Tisch.

Wenn wir nun das Brot des Lebens empfangen,
den Leib deines lieben Sohnes,
und das Blut des Bundes,
dann gib uns deine Kraft, den Heiligen Geist,

damit wir so denken, reden und handeln,
wie es uns Jesus gelehrt
und in seinem ganzen Leben
gezeigt hat.

Laß deinen Sohn immer bei uns sein
auf unseren Wegen,
damit wir gut sind zu allem, was lebt,
und dich, Vater im Himmel,
über alles lieben.

Dich loben und preisen wir
durch Christus und mit Christus
jetzt und in Ewigkeit.
Amen.

Bearbeitet vom Verfasser nach: Robert Trottmann

Hochgebet für die Erstkommunion

Gott, unser Vater,
wir wollen dir danken für alles,
was du uns gegeben hast:
für das Licht der Sonne,
für die Blumen und Bäume,
für die Vögel in der Luft,
für die Fische im Meer und in den Flüssen,
für unsere Wohnung zu Hause
und für alle Dinge, an denen wir Freude haben.
Von Herzen danken wir dir für Vater und Mutter
und für alle, die uns gern haben.
Am meisten danken wir dir heute
für Jesus, deinen Sohn.
Er ist das schönste Geschenk,
das du uns Menschen gemacht hast.
(Um dir für ihn und alle deine Gaben zu danken,
singen wir jetzt mit allen, die hier auf der Erde leben,
und mit allen, die im Himmel sind:
Heilig...
Heiliger Vater,

wir danken dir für Jesus,
deinen Sohn, weil er uns zeigte, wie sehr du uns liebst.)
Er machte die Kranken gesund;
er erweckte Tote zum Leben.
Denen, die traurig waren, machte er wieder Mut.
Den Armen hat er geholfen.
Er will auch bei uns sein,
um uns froh und glücklich zu machen.
Darum nahm er in der Nacht,
als sich die Leute von ihm abwandten,
das Brot, und sagte Dank,
brach es,
und gab es seinen Freunden mit den Worten:
NEHMET UND ESSET ALLE DAVON:
DAS IST MEIN LEIB,
DER FÜR EUCH HINGEGEBEN WIRD.
Dann nahm er auch den Kelch mit Wein,
dankte wieder,
und reichte ihn seinen Freunden mit den Worten:
NEHMET UND TRINKET ALLE DARAUS:
DAS IST MEIN BLUT,
DAS FÜR EUCH
UND FÜR ALLE VERGOSSEN WIRD
ZUR VERGEBUNG DER SÜNDEN.
TUT DIES ZU MEINEM GEDÄCHTNIS.
Darum wollen wir essen von diesem Brot
und trinken aus diesem Becher.
Wir denken dabei an Jesus,
wie er litt und starb.
Wir gedenken, wie du ihn von den Toten auferweckt hast
am dritten Tage,
und wie er zu dir, Vater,
in den Himmel aufgenommen wurde.
Gott, unser Vater,
dieses heilige Brot gebe auch uns ein Leben,
das nie endet.
Dieser Kelch gebe uns Freude,
die nie ein Ende findet.
Mach, daß alle, die von diesem Mahl essen,

auch einander lieben.
Gib, daß alle Menschen
in Friede und Freundschaft leben,
wie Jesus es uns gelehrt hat.
Durch Jesus und mit ihm
danken wir dir und preisen dich,
Herr und Gott, allmächtiger Vater,
jetzt und immer und in Ewigkeit.
Amen.

Offizieller Text, für die Philippinen genehmigt von der Kongregation für den Gottesdienst am 16. 3. 1971; vom Verfasser bearbeitet nach der deutschen Übersetzung von H. J. Gräf, in: Liturgisches Jahrbuch 21 (1971), S. 238f.

Hochgebet vor Gott, dem Schöpfer des Alls

Wir danken dir und preisen dich,
Gott und Schöpfer der Welt.
Du hast die unermeßlichen Weiten des Alls
ins Dasein gerufen,
und wir selber sind das Werk deiner Hände.
Diese Erde hast du für uns erschaffen und uns anvertraut.
Zwar wissen wir
von der Vergänglichkeit aller dieser großen Werke,
von den Gefahren und Leiden, die uns begegnen,
von Schuld und Sünde,
die das Antlitz deiner Schöpfung entstellen.
Wir vertrauen aber,
Gott und Vater,
deinem Wirken und deinem Wort.
Du hast uns ja zur Unvergänglichkeit
und zur vollkommenen Freude berufen
durch den Mund deiner Propheten und Heiligen
und zu deinen Kindern gemacht
durch deinen Sohn Jesus, den Christus.
(Darum stimmen wir ein in das Lob,
das Engel und Heilige dir darbringen,
und singen mit ihnen zu deiner Ehre:

Heilig...
Ja, gelobt sei für dein mächtiges und liebevolles Wirken
und für das Kommen deines Reiches,
das du uns verheißen hast
durch Jesus, deinen Sohn).
Er verkündete uns in deinem Namen
die Vergebung aller Schuld
und gab uns die feste Zuversicht,
daß wir einst in Ewigkeit
zu dir gehören werden
und sitzen dürfen an deinem Tisch.
Um dieser Botschaft willen
versammelte er Freunde und Fremde,
Sünder und Fromme um sich.
Er aß und trank mit ihnen
und feierte mit ihnen den Anbruch deines Reiches.
In der Nacht aber,
da er verraten und an seine Feinde ausgeliefert wurde,
sprach er:
Ich werde von der Frucht des Weinstocks
nun nicht mehr trinken,
bis ich von neuem mit euch trinken werde
im Reiche Gottes.
Dann nahm er das Brot,
sagte dir Dank,
brach es und gab es seinen Freunden
und sprach:
NEHMET UND ESSET ALLE DAVON.
ES IST MEIN LEIB,
DER FÜR EUCH HINGEGEBEN WIRD.
Er nahm auch den Becher mit Wein
und sprach:
TRINKET ALLE DARAUS.
DAS IST DER NEUE BUND
IN MEINEM BLUTE.
Dann unterwarf er sich der Folter und der Verleumdung
und starb den Tod am Kreuz um unsretwillen.
Du aber hast ihn auferweckt aus dem Tode
und ihm den Platz zu deiner Rechten gegeben

in deiner Herrlichkeit.
Uns läßt du teilhaben
an diesem Brot und an diesem Kelch.
Du berufst auch uns
in den Dienst an deinem Reiche.
Darum bitten wir dich:
Gib uns allen den Geist deines Sohnes,
seinen Glauben, seine Hoffnung, seine Liebe,
damit wir, wie Jesus,
in dieser Welt deinen Willen tun
und an der kommenden Welt Anteil erhalten,
zusammen mit unserem Papst N.,
unserem Bischof N.,
mit deiner ganzen Kirche
und mit allen Menschen,
die ehrlichen Herzens dich suchen.
(Um all das bitten wir mit den Worten,
die Jesus selbst uns zu beten gelehrt hat.)

oder:

So bitten wir dich
durch deinen Sohn Jesus Christus,
der unser Friede ist für immer.
Durch ihn und mit ihm
ist dir, Gott, allmächtiger Vater
Ehre und Verherrlichung,
jetzt und allezeit und in Ewigkeit. Amen.
Um die heilige Gabe von diesem Tisch
und um die Erfüllung aller Verheißungen Gottes
lasset uns beten,
wie Jesus uns zu beten gelehrt hat.

6. Texte zum heiligen Mahle

Mündet das Hochgebet direkt ins Vaterunser, so kann man den verbindenden Satz lauten lassen:

Um all das laßt uns beten, wie Jesus selbst uns zu beten gelehrt hat.

Oder:

Darum bitten wir dich mit den Worten, die Jesus, dein Sohn, uns gelehrt hat.

Oder:

Darum bitten wir dich, wenn wir mit Jesus sprechen: ...

Über Kürzungen in diesem Bereich vgl. Kapitel II.

Beim Zeigen der eucharistischen Speise wird man vor allem dann vom Bildwort »Lamm Gottes« abgehen können, wenn zuvor statt des Agnus Dei ein anderes Lied gesungen worden ist. Aus praktischen Gründen soll man wohl am Schluß wenigstens das Stichwort »Welt« erhalten. Das begleitende Wort kann dann heißen:

Seht, das ist die Gabe, die der Herr uns reicht, das Heilmittel, das hinwegnimmt die Sünden dieser Welt!

Oder:

Seht, das ist die Speise vom Tisch des Letzten Abendmahles, das Brot für das Leben der Welt!

Oder:

Seht, das ist der Leib des Herrn, das Heilmittel für alle Sünden der Welt!

»Corpus Christi« wird mit »Der Leib Christi« recht hart übersetzt. Erstens finden sich hier drei Sprachen in drei Wörtern, zweitens ist der Rhythmus hart, drittens gibt es eine alteingeführte deutsche Formel:

Der Leib des Herrn.

Dieser gebe ich den Vorzug. Auch die Formel »Das Blut Christi« klingt wenig gewinnend. Mit dem Blutwort ging schließlich auch Jesus vorsichtig um: »Dies hier – der Neue Bund in meinem Blute«. Man kann also sicher auch in der Liturgie entsprechend zurückhaltend formulieren:

Der Neue Bund in seinem Blute;

oder:

Der Kelch des Heiles.

(Die Worte der evangelischen Agende findet man in Kapitel II.)

Nach dem heiligen Mahle folgen Danklieder mit freien Texten.

7. Schlußgebete zur Auswahl

Zum *Schlußgebet* bietet das Meßbuch wieder alternative Wahlgebete an (Seite II. 525ff.). Diese Wahlgebete lassen sich nicht, wie das Tagesgebet, ohne weiteres den verschiedenen Sonntagslesungen zuordnen. An dieser Stelle der Liturgie kommt es doch sehr darauf an, was gepredigt, was gesungen wurde, was die Gemeinde für die kommende Woche vorhat. Der Zelebrans wähle also selbst aus. Die zur Wahl stehenden fünfzehn Schlußgebete des Meßbuchs sind jedoch großenteils zu lang und zu unübersichtlich, als daß der hörende Teilnehmer sie mitvollziehen könnte. Deshalb hier einige Auswahl- und Kürzungsvorschläge:

1. Herr unser Gott,
   die heilige Speise, die wir empfangen haben,
   mehre in uns die Kraft des Herzens.
   Sie gebe uns die wahre Weisheit,
   sie mache uns demütig vor dir
   und brüderlich unter den Menschen.
   Darum bitten wir durch Christus unsern Herrn.

2. Gott, unser Vater.
   Du hast uns gesättigt mit der Speise,
   die du allein zu geben hast.
   Laß uns von ihr leben und uns freuen
   an deiner Nähe
   und laß unsere Freude fruchtbar werden in guten Taten.
   Darum bitten wir durch Christus, unseren Herrn.

3. Allmächtiger, gütiger Gott,
   wir waren Gäste am Tisch deines Sohnes,
   und er war der Herr unseres Mahles:
   Laß uns dereinst zu ihm gelangen,
   der uns durch den Tod
   in die Herrlichkeit vorausgegangen ist,
   unser Herr Jesus Christus,
   der mit dir lebt und herrscht in alle Ewigkeit.

4. Allmächtiger Gott und Vater,
   du hast deinen gekreuzigten Sohn auferweckt
   und ihm

die Macht des lebenspendenden Geistes gegeben.
Nimm dich deiner Kirche an, o Herr,
und erneuere ihre Jugend.
Laß sie aufleben durch den Geist,
dessen Zeichen das Feuer ist.
Darum bitten wir durch Christus, unseren Herrn.

5. Gott, unser Vater,
dein Sohn hat uns von dir Kunde gebracht.
Er hat uns erkennen lassen, wie du bist:
groß in deiner Huld für deine Geschöpfe,
gewaltig in deiner Hoheit,
wehrlos in deiner Liebe.
Vater,
wir danken dir für dein Wort
und für die Speise vom Tisch deines Sohnes,
unseres Herrn Jesus Christus,
der gepriesen sei heute und in Ewigkeit.

6. Herr, unser Gott,
du hast gewollt, daß sich das Bild deines Sohnes
auspräge im Wesen der Getauften,
die du zu deinem Tisch geladen hast.
Ermutige uns, dem Evangelium zu folgen
und deinem Geist Raum zu geben in unserem Leben.
Darum bitten wir durch Christus, unseren Herrn.

8. Ewiger Gott,
in dieser Feier hast du uns gestärkt
mit dem Fleisch und Blut deines Sohnes.
Laß uns in der Kraft dieser Speise
unseren Weg zuversichtlich weitergehen
und mit allen Menschen, die du uns anvertraut hast,
zur Vollendung in deiner Liebe gelangen.
Darum bitten wir durch Christus, unseren Herrn.

10. Gütiger Gott,
die heilige Speise, die wir empfangen haben,
durchdringe uns mit ihrer Kraft.
Sie vertiefe unseren Glauben,
mache stark unsere Hoffnung

und entzünde unsere Herzen zu Werken der Liebe.
Darum bitten wir durch Christus, unseren Herrn.

11. Gott, du Hirte und Schützer deines Volkes,
blicke auf uns,
die wir erkauft sind durch das Blut deines Sohnes.
Behüte es auch in den Gefahren, die uns drohen,
und vollende es am Tage Christi, deines Sohnes,
der mit dir lebt und herrscht in alle Ewigkeit.

12. Himmlischer Vater,
dein Sohn hat verheißen,
daß wir sein göttliches Leben in uns tragen,
wenn wir ihn empfangen in der heiligen Speise.
Laß uns stets in dieser Freude leben,
bis wir zur Vollendung gelangen
in ihm, unserem Herrn Jesus Christus,
der mit dir lebt und herrscht in alle Ewigkeit.

13. Gütiger Gott,
das Opfer deines Sohnes
stellt dem Ungehorsam der Menschen
den Gehorsam entgegen
und macht uns fähig zu einem neuen Leben.
Wir danken dir,
daß wir ihn empfangen durften im heiligen Mahle.
Gib, daß wir nun selber Boten seiner Liebe werden,
damit die Welt zu dir finde
durch unsern Herrn Jesus Christus,
der mit dir lebt und herrscht in Ewigkeit.

14. Gott und Vater,
durch die Nahrung, die wir erhalten haben,
lebt Jesus in uns.
Wir danken dir, daß du ihn uns geschenkt hast.
Steh uns bei, damit wir ganz für ihn leben
und einst ewig vollendet werden in ihm,
der mit dir lebt und herrscht in alle Ewigkeit.

15. Allmächtiger Gott,
in dieser Feier hast du uns

an deinem göttlichen Leben Anteil geschenkt.
Laß uns niemals von dir getrennt werden,
sondern bewahre uns in deiner Liebe.
Darum bitten wir durch Christus, unsern Herrn.

Damit endet unser Durchgang durch den Meßtext. Die gegebenen Anregungen werden teils auf Experimentierfreude, teils auf Kritik stoßen. Dafür sind sie gegeben worden. In jedem Falle wären sie ein Beitrag zu lebendiger Liturgie.

Schlußbetrachtung

Weiterführende Gedanken sind, so hoffe ich, in den vorausgegangenen Kapiteln immer wieder aufgetaucht: beim Thema Texte und Kontexte, beim Thema Medien, beim Thema Tanz oder Spiel und öfter. So erscheint mir im Rückblick auf unseren Gedankengang weniger bedeutsam, daß wir – im Großen wie im Kleinen – nach notwendigen Korrekturen und Ergänzungen der konziliaren Liturgiereform gefragt haben und dabei vielleicht auf manch nützliche Anregung gekommen sind. Wichtiger erscheint mir, daß mir nun die innere Dynamik, die geschichtliche, ja die heilsgeschichtliche Dynamik in der zentralen Feier des Christentums deutlicher vor Augen steht. So wie von den Mählern Jesu über sein Abschiedsmahl, das Brotbrechen der Jüngergemeinde, die Eucharistie in den Katakomben und schließlich in den kaiserlichen Basiliken diese Feier sich immer wieder gewandelt hat bis zur mittelalterlich-tridentinischen Messe und zum protestantischen Abendmahl, so wird diese Feier sich auch weiter verändern und in neue Zeiten hinein entfalten und gestalten, ganz nach *Goethes* Wort von der geprägten Form, die lebendig sich entfaltet. Unsere Sorge gehe dabei nicht nur dahin, daß Wandel und Bewahrung heute und stets in einem gesunden Verhältnis zueinander sich gestalten. Unsere Sorge gehe vor allem auch dahin, daß unsere Sonntagsfeier sich ihrem Ursprung und ihrem ursprünglichen Sinn noch weiter nähere. Sie hatte sich einmal in der *missa sicca* des Mittelalters und in den Winkelmessen bis zum II. Vatikanum nahezu ins Gegenteil verkehrt. Erst unter Pius X.,

in der liturgischen Bewegung und dann im letzten Konzil besann sich die katholische Christenheit wieder stärker auf den Ursprung ihrer zentralen Feier. Aber die Rückwendung zum Ursprung ist sicher erst der Anfang der notwendigen Reform, mit *Karl Rahner* zu sprechen: *der Anfang eines Anfangs.* (Wer wagt es heute noch, dieses Wort des großen Theologen zu zitieren?) Unsere Sorge gehe aber auch in die andere Richtung: Sie gelte einer Feier, welche dem heutigen (liturgieunfähigen?) Menschen zugänglich und sinnvoll erscheint; einer Feier, welche hilft, das Leben in der Welt von heute und morgen im Glauben zu bestehen. Unsere Sorge gelte also einer Feier, die es ermöglicht, das Leben von heute in jenem Sinne zu leben, den Jesus uns erschlossen hat.
Die Elemente dieser Feier begegnen uns natürlich auch in anderen Zusammenhängen und auch in anderen Religionen: Gebet, Musik, Gesang, Stille, Essen und Trinken, Lesung, Ansprache. Die ersten christlichen Missionare in Indien fanden dort bekanntlich hinduistische und buddhistische Riten vor, welche der katholischen Messe so ähnlich sahen, daß die frommen Missionare an eine teuflische Nachäffung dachten. Es läßt sich vermuten, daß nicht so sehr der Nachvollzug des Letzten Abendmahls als seine spätere Umgestaltung in die Formenwelt eines Opferkults – Sakralraum, Sakralgewänder, rituelle Bewegungen, Altar, Meditationsmusik, Gong und Schelle, Speise-, Trank- und Rauchopfer – in den Hindutempeln wiederzuerkennen waren. Ob dies nun so wie vermutet war oder anders: Nicht die einzelnen Elemente können die Messe zu einer spezifisch christlichen Feier machen, sondern nur der Sinn, der sich in ihnen darstellt.
Das Verständnis dieses Sinnes hat sich allerdings im Laufe der Geschichte in der Entwicklung der Formen mitentwickelt, mitverändert. Die Entdeckung der kritisch-historischen Methode für die Bibelwissenschaft hat in den letzten hundert Jahren selbstredend auch zu Veränderungen in den Ergebnissen dieser Wissenschaft geführt; zu Veränderungen, die uns nicht immer willkommen und nicht immer leicht zu bewältigen waren und sind. Noch steht es aus, daß die systematischen theologischen Wissenschaften diese Ergebnisse in ihrer ganzen Tragweite berücksichtigen; noch steht aus, daß das Glaubensbewußtsein der Kirche mit diesen Ergebnissen ins reine kommt. In irgendeiner Weise werden Forschung und Glaube wohl immer in Spannungen zueinander stehen, morgen

wie gestern. Schon zeichnet sich aber ab, daß andere, neuere Wissenschaften in der Bibelauslegung wirksam werden, Tiefen- und Sozialpsychologie, Linguistik, Sprachsoziologie, Systemkritik. Sicherlich wird der Einsatz dieser Wissenschaften den exegetischen Befund neuerdings verändern, der systematischen Glaubenslehre neuerdings andere Aufgaben stellen.

Das alles wird an der künftigen Entwicklung der christlichen Sonntagsfeier (an Wortfeier und Mahl) nicht unwirksam vorbeigehen. Je klarer z. B. das Bild des echten Jesus von Nazaret nach Entfernung späterer Übermalungen zum Vorschein kommt, je genauer wir seine Worte von denen seiner Jünger unterscheiden lernen, je besser seine Sprache und seine Intentionen uns mit Hilfe moderner Forschungsmethoden verständlich werden, um so näher werden auch Predigt und Liturgiefeier der Kirche den ganz ursprünglichen, den persönlichen Intentionen Jesu kommen können und müssen. Unsere Sorge gelte also nicht nur einer zeit- und ursprungsgerechten Feier, sondern auch ihrem dynamischen Charakter, ihrer Veränderbarkeit, ihrer Ausrichtung auf den καιρος. Der gute Hausvater wird auch künftig »Altes und Neues aus seinem Schatze hervorholen« (Mt 13,52).